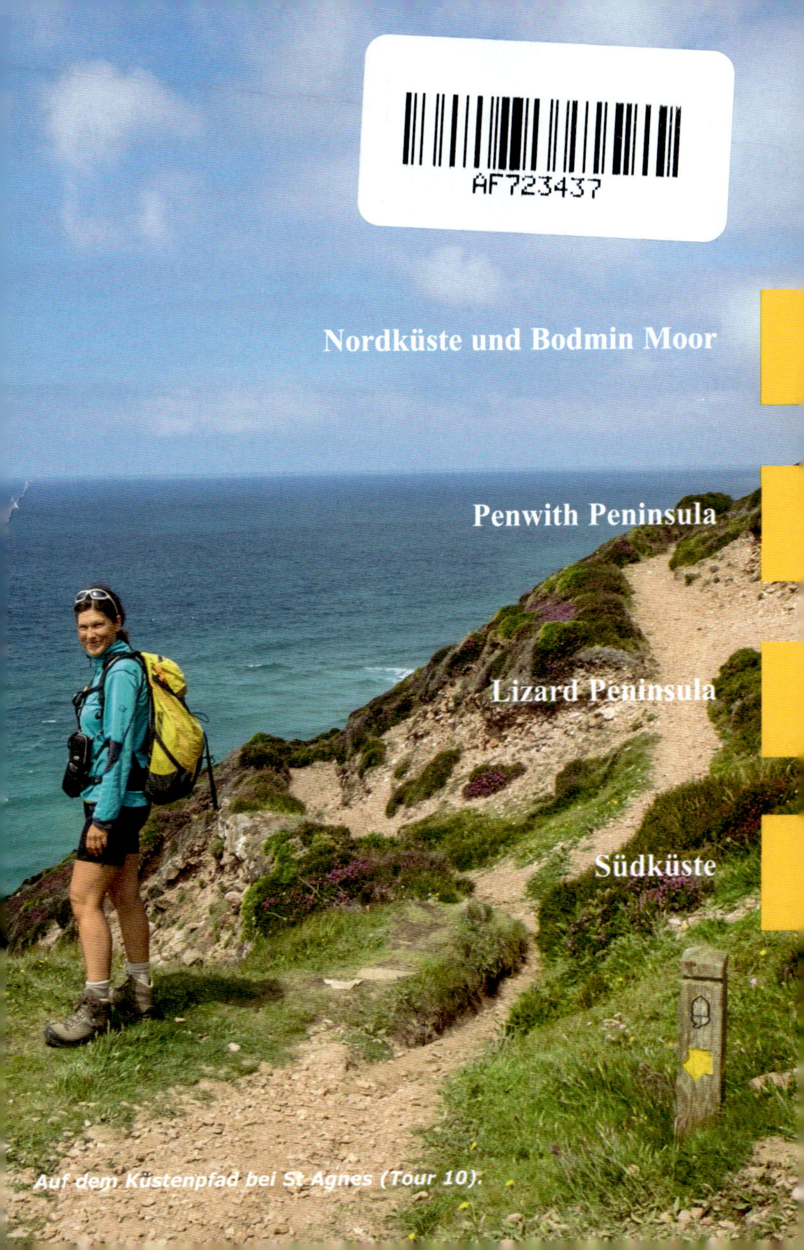

Nordküste und Bodmin Moor

Penwith Peninsula

Lizard Peninsula

Südküste

Auf dem Küstenpfad bei St Agnes (Tour 10).

Cornwall

Alle Informationen, schriftlich und zeichnerisch, wurden nach bestem Wissen zusammengestellt und überprüft. Sie waren korrekt zum Zeitpunkt der Recherche. Eine Garantie für den Inhalt, z. B. die immerwährende Richtigkeit von Preisen, Adressen, Telefon- und Faxnummern sowie Internetadressen, Zeit- und sonstigen Angaben, kann naturgemäß von Verlag und Autoren – auch im Sinne der Produkthaftung – nicht übernommen werden.

Die Autoren und der Verlag sind für Lesertipps und Verbesserungen (besonders per E-Mail) unter Angabe der Auflagen- und Seitennummer dankbar.

Dieses OutdoorHandbuch hat 160 Seiten mit 84 farbigen Abbildungen, 35 farbigen Kartenskizzen im Maßstab 1:50.000 sowie 31 farbigen Höhenprofilen und einer farbigen, ausklappbaren Übersichtskarte. Es wurde auf chlorfrei gebleichtem, FSC®-zertifiziertem Papier gedruckt, in Deutschland klimaneutral hergestellt und transportiert und wegen der größeren Strapazierfähigkeit mit PUR-Kleber gebunden.

FSC
www.fsc.org
MIX
Papier aus verantwortungsvollen Quellen
FSC® C009051

Klimaneutral
Druckprodukt
ClimatePartner.com/10951-1907-1006

Dieses Buch ist im Buchhandel und in Outdoor-Läden erhältlich und kann im Internet oder direkt beim Verlag bestellt werden.

OutdoorHandbuch aus der Reihe „Regional", Band 366

ISBN 978-3-86686-620-1 2., überarbeitete Auflage 2019

Text und Fotos: Markus und Janina Meier
Lektorat: Amrei Risse
Karten und Layout: Manuela Dastig

Gesamtherstellung: gutenberg beuys feindruckerei

Dieses OutdoorHandbuch wurde konzipiert und redaktionell erstellt vom:

Conrad Stein Verlag GmbH, Kiefernstr. 6, 59514 Welver,
☎ 023 84/96 39 12, FAX 023 84/96 39 13,
info@conrad-stein-verlag.de,
www.conrad-stein-verlag.de

Besuchen Sie uns bei Facebook & Instagram:

www.facebook.com/outdoorverlag

www.instagram.com/outdoorverlag

Titelfoto: Towanroath Engine House (Tour 11)

Inhalt

Wandern in Cornwall

Cornwall ist der südwestlichste Landesteil Englands. Auf der Halbinsel befindet sich sowohl der südlichste als auch der westlichste Punkt Englands.

In Deutschland ist Cornwall vor allem durch die vielen Verfilmungen von Rosamunde-Pilcher-Romanen bekannt, ungefähr 100 Filme wurden inzwischen gedreht. Dementsprechend beliebt ist die Grafschaft vor allem bei deutschen Touristen. In den Filmen lässt sich die Schönheit der Landschaft bereits erahnen, vor Ort ist es noch eine Spur schöner und eindrucksvoller.

Sie finden eine beeindruckende Steilküste über blauem Meer, feine Sandstrände mit Palmen sowie eine üppige Flora mit saftig grünen Weiden.

Im Landesinneren erwartet Sie das Bodmin Moor, das landschaftlich ganz anders ist als das übrige Cornwall. Hier befinden sich die höchsten Berge Cornwalls, dadurch ist das Klima deutlich rauer als an der Küste. Somit kann sich die üppige Flora nicht entwickeln. Hier dominieren weite Heidelandschaften, überragt von Gipfeln, die mit großen Felsen besetzt sind.

Wir haben Cornwall in diesem Buch in vier Regionen unterteilt: Nordküste mit dem Bodmin Moor, Penwith Peninsula, Lizard Peninsula und Südküste.

Die Nordküste besitzt die eindrucksvollsten Küstenabschnitte Cornwalls. Unheimlich wild ist die Landschaft, die Sie zum Beispiel auf den Wanderungen bei Morwenstow, von Tintagel nach Boscastle und bei Port Quin erleben. Dabei entdecken Sie die Surferhochburg Bude, kleine Fischerorte wie Port Isaac oder das beliebte Tourismuszentrum Padstow. Besonders eindrucksvoll sind die Bedruthan Steps, riesige im Meer liegende Felsblöcke.

In der Nähe von Redruth und Camborne kommen Sie in ein ehemaliges Bergbaugebiet. Cornwall deckte bis zum 19. Jahrhundert die Hälfte des Weltbedarfs an Zinn. Auf der Wanderung bei St Agnes kommen Sie an einigen Ruinen vorbei, bei Portreath begehen Sie ein Teilstück eines Mining Trails.

Ebenfalls angegliedert ist das Bodmin Moor. Hier besteigen Sie mit dem Brown Willy den höchsten Gipfel Cornwalls, klettern über den Blockgrat des Kilmar Tors und besuchen rätselhafte Steinkreise wie die Hurlers bei Minions.

Die Penwith Peninsula ist die südwestlichste Ecke Cornwalls. Die Halbinsel zählt zu den beliebtesten Urlaubszielen. Von einem zentralen Standort aus können Sie mit relativ kurzen Fahrzeiten die Startpunkte der beschriebenen Wanderungen erreichen. Dabei besuchen Sie Land's End, den westlichsten Punkt Englands, die goldenen Strände bei Porthcurno und den eindrucksvollen Küstenabschnitt bei Lamorna. An der Nordseite der Penwith Peninsula finden sich ebenfalls viele Zeugen aus der Bergbauzeit. So können Sie auf der Wanderung um St Just neben den Ruinen auch ein Schaubergwerk besuchen. 2006 erklärte die UNESCO die Minenlandschaft in ganz Cornwall und West-Devon zum Weltkulturerbe.

Fast schöner als Land's End ist Cape Cornwall, das ebenfalls besucht wird.

Auf der Lizard Peninsula befindet sich der südlichste Punkt Englands, den Sie auf einer traumhaften Wanderung erreichen. Beeindruckend sind dabei die Kynance Cove sowie die Wanderung um das kleine Fischerdörfchen Cadgwith. Weiter im Norden liegt die Tour zum Prussia Cove mit großartigen Blicken auf den St Michael's Mount. An der Ostküste wandern Sie von Helston nach Porthleven, dabei besuchen Sie den größten natürlichen See Cornwalls.

An der Südküste ist das Klima von Cornwall am mildesten. Im westlichen Bereich ist Falmouth ein idealer Ausgangspunkt für die herrlichen Wanderungen zum Trebah Garden oder um St Anthony Head.

Weiter im Osten finden sich die Halbinsel bei Mevagissey mit dem Dodman Point, Fowey mit dem Gribbin Head, das ruhige Polruan, das beliebte Polperro und das durch den Looe River geteilte Looe. Alle genannten Höhepunkte werden auf Wanderungen in diesem Buch besucht. Ein schöner Standort für die Touren von Mevagissey bis Looe ist Lostwithiel, etwas abseits der Küste. Daneben liegt noch ein kleines Moor, das durch einen Wilderness Trail erschlossen ist, der auf den Gipfel des Helman Tor führt.

Auf einigen Wanderungen kommen Sie an schönen Sandstränden vorbei. Diese laden auf den ersten Blick zum Baden in dem wunderbaren blauen Meer ein. Das Wasser ist allerdings sehr kalt, selbst im Sommer wird es nicht wärmer als 17 °C. Wer sich davon nicht abschrecken lässt, sollte zumindest einen Neoprenanzug anziehen. Die Strände sind in der Regel von Lifeguards überwacht und der Badeabschnitt ist mit Flaggen markiert. Herrliche Strände finden Sie bei Porthcurno, Bude und auf der Wanderung um Trevose Head.

Cornwall bietet neben spektakulären Wanderungen noch einige Sehenswürdigkeiten. Bei den einzelnen Touren haben wir entsprechend Empfehlungen aufgeführt. Gönnen Sie sich einen Besuch in der Geevor Tin Mine, im Minack Theatre, am St Michael's Mount, National Maritime Museum Falmouth, Landhydrock House (☞ Tour 33) und ganz besonders im Eden Project (☞ Tour 29). Hierfür sollten Sie einen Tag einplanen, um in den beiden Biomen, riesigen Kuppeln, die Natur des Regenwaldes und der Mittelmeerregion zu erleben. Der Spaziergang durch das Eden Project ist übrigens buggygeeignet.

Sie sollten aber nicht nur die Landschaft erkunden, sondern natürlich auch die englische Küche versuchen. Englisches Essen hat nicht den besten Ruf, was teilweise allerdings unbegründet ist. Man kann in Cornwall sehr gut essen gehen und lokale Spezialitäten genießen. Nicht umsonst kommen bekannte Spitzenköche wie Jamie Oliver und Rick Stein aus Cornwall.

Probieren Sie unbedingt auch einmal „Fish and Chips". Das empfiehlt sich vor allem an der Küste, wo der Fisch frisch gefangen wird.

Der Morgen beginnt mit einem Frühstück. In Cornwall besteht dies aus gebratenem Schinken, Eiern, Baked Beans in Tomatensauce, gebratenen Würstchen, Grilltomate und Champignons.

Tea Time – Scones und Clotted Cream

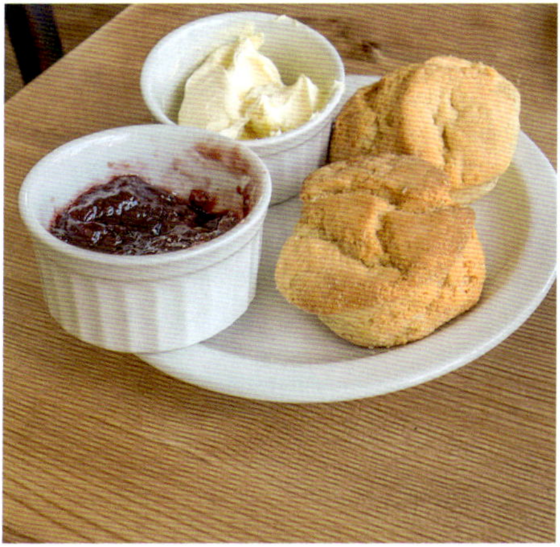

Am Nachmittag sollten Sie sich Cornish Cream Tea auf keinen Fall entgehen lassen. Es wird eine Kanne Tee mit frischem Gebäck (Scones) gereicht. Diese werden mit Clotted Cream und Erdbeermarmelade bestrichen. (Clotted Cream ist ein englisches Sahneprodukt aus den südlichen Grafschaften Cornwall und Devon, das einen Fettanteil von mindestens 55 % beinhaltet.) Beachten Sie unbedingt die cornische Reihenfolge, in der Sie beides auf die Scones geben: zuerst die Marmelade, dann die Clotted Cream.

Eine weitere cornische Spezialität sind Pastys. Dabei handelt es sich um Teigtaschen, die mit Gemüse und Fleisch gefüllt und in Bäckereien verkauft werden.

Wohnt man in einer Ferienwohnung (am schönsten in einem renovierten Cottage), dann kann man selbst kochen. In Küstennähe empfiehlt es sich, frischen Fisch in der Nähe des Hafens zu kaufen. Gute Fischläden finden Sie zum Beispiel in Newlyn bei Penzance und in Rock bei Polzeath.

Am Abend in einem Pub genießen Sie ein Ale, das idealerweise aus einer Brauerei in Cornwall stammt. In Rock können Sie beispielsweise Sharp's Brewery einen Besuch abstatten und im angegliederten Shop die verschiedensten Biersorten einkaufen. Besonders beliebt ist Cider. Dieser Apfelwein wird ebenfalls in Cornwall hergestellt.

Auch wenn man es kaum glauben kann: In Cornwall wird Wein angebaut. Der Wein der Queen stammt vom Weingut im Camel Valley. Sie können das Weingut besichtigen und vor Ort Wein kaufen. Aber Achtung, selbst der etwas teurere Wein ist leicht sauer und etwas gewöhnungsbedürftig.

Beachten Sie auch, dass Großbritannien das britische Pfund als Währung besitzt und durch die Wechselkurse alles etwas teurer ist als in Deutschland.

Wir haben versucht, möglichst abwechslungsreiche Wandertouren auszusuchen, und sind überzeugt, die schönsten Wanderungen Cornwalls gefunden zu haben. Sie reichen von einfachen Wanderungen auf guten, breiten Wegen bis hin zu anspruchsvollen Touren auf dem Küstenpfad. Obwohl Sie auch ein paar längere Touren (10 bis knapp 15 km) finden, haben wir doch versucht, einen Schwerpunkt auf 7-10 km zu legen. Das gibt Ihnen die Möglichkeit, an einem Tag vielleicht zwei kürzere Wanderungen zu unternehmen und nachmittags Cornish Cream Tea zu genießen oder noch eine der zahlreichen Sehenswürdigkeiten zu besichtigen.

Alle Touren enthalten Hinweise darauf, ob die Strecke auch für Kinder, Buggys und Hund geeignet ist.

Wir wünschen Ihnen, dass Sie von Ihrem Cornwall-Urlaub genauso begeistert nach Hause kommen wie wir. Das mediterrane Flair, die englische Gastfreundschaft, die großartige, blühende Landschaft und die spektakuläre Küste haben uns die Recherche unvergesslich werden lassen.

Markus und Janina Meier

Reise-Infos

Anreise

Flugzeug

Am schnellsten gelangen Sie mit dem Flugzeug nach Cornwall. Direktverbindungen von Deutschland gibt es mit Eurowings im Sommer samstags von Stuttgart, München, Berlin, Düsseldorf, Nürnberg, Usedom und Sylt. Auch Ryanair fliegt von Frankfurt/Hahn direkt nach Newquay. Sonst muss man meistens einen Zwischenstopp auf einem englischen Flughafen in Kauf nehmen.

Sehr gerne wird auch Bristol genutzt. In 3 Std. kann man dann mit dem Auto vom Flughafen Bristol nach Cornwall gelangen, allerdings empfanden wir das Umsteigen auf einem anderen europäischen Flughafen (häufig Brüssel oder Amsterdam) als etwas anstrengend.

Sehr gute Erfahrungen haben wir mit einem Flug nach London und der Weiterfahrt mit dem Mietwagen gemacht. Die Fahrt auf der A303 ist landschaftlich sehr schön und dauert 5 Std. Sie kommen dabei direkt an der historischen Stätte Stonehenge vorbei.

Bahn

Mit der Bahn kommen Sie von Frankreich durch den Eurotunnel relativ schnell nach London. Die Weiterfahrt von London-Paddington nach Cornwall dauert dann fünf Stunden. Die Fahrt durch die einzigartige Landschaft ist trotzdem relativ kurzweilig.

Auto

Sie können auch mit dem Auto nach Cornwall reisen. Hier haben Sie die Wahl zwischen dem Tunnel-Shuttle unter dem Ärmelkanal und direkten Fährverbindungen wie von Calais nach Dover. Möchten Sie näher an Cornwall englischen Boden betreten, können Sie auch von St Malo nach Portsmouth oder von Roscoff nach Plymouth übersetzen.

Beachten Sie, dass in England Linsverkehr gilt und Sie dann in Ihrem deutschen Fahrzeug auf der „falschen" Seite sitzen. Außerdem sind die Geschwindigkeitsangaben in Meilen pro Stunde aufgeführt, Ihr Tacho zeigt allerdings Kilometer pro Stunde an.

Unterkünfte

Für Ihren Cornwall-Urlaub steht Ihnen eine große Auswahl an Unterkünften zur Verfügung. Diese reichen von der einfachen Jugendherberge über Bed & Breakfasts bis zu luxuriösen Hotels. Campingplätze finden Sie in der Region ebenfalls in großer Zahl. Wir haben sehr gute Erfahrungen mit Ferienwohnungen gemacht. Zu beachten ist, dass der Anreisetag meistens der Freitag ist.

Schöne Cottages werden vermietet von:

▷ National Trust Holidays, ☏ 00 44/(0)3 44/335 12 87, ✉ cottages@nationaltrust.org.uk, 💻 www.nationaltrustholidays.org.uk

▷ Boutique Retreats, Leslie House, Lady Street, Helston, Cornwall, TR13 8NA, ☏ 00 44/(0)18 72/55 34 91, ✉ enquiries@boutique-retreats.co.uk, 💻 www.boutique-retreats.co.uk

▷ Classic Cottages, Leslie House, Lady Street, Helston, Cornwall TR13 8NA, ☏ 00 44/(0)13 26/55 55 55, 💻 www.classic.co.uk

Da es bei der ersten Reise nach Cornwall nicht ganz leicht ist, die passenden Standorte zu finden, möchten wir unsere Empfehlungen an dieser Stelle weitergeben. Folgende Standorte für die Wanderungen in diesem Buch können wir empfehlen:

An der Nordküste:

Tintagel ist ein guter Ausgangspunkt, hier hat uns das Bed & Breakfast Bosayne Guest House gut gefallen.

🛏 Bosayne Guest House, Atlantic Road, Tintagel, Cornwall PL34 0DE, ☏ 00 44/(0)18 40/77 05 14, ✉ enquiries@bosayne.co.uk, 💻 bosayne.co.uk

Polzeath ist ebenfalls als Standort für die Nordküste geeignet. Von hier aus ist man mit der Fähre auch schnell in Padstow.

🛏 Ferienwohnung The Linhay, Moyles Farm bei Polzeath, ☏ 00 44/(0)12 08/86 23 31, ✉ mail@moylesfarm.co.uk, 💻 www.moylesfarm.co.uk. Auf der Moyles Farm gibt es zudem noch größere Cottages.

Für Penwith Peninsula:

Hier können wir eine Ferienwohnung in Castallack, in der Nähe von Penzance, empfehlen.

🛏 Castallack Farm, Penzance, Cornwall TR19 6NL, ☏ 00 44/(0)17 36/73 19 69, ✉ info@castallackfarm.co.uk, 💻 www.castallackfarm.co.uk

An der Südküste:
Falmouth ist ein großartiger Ausgangspunkt für die Wanderungen an der Südküste. Hier empfehlen wir das Dolvean House. Renate kommt aus Deutschland und führt häufig Wandergruppen, sodass Sie immer wieder gute Tipps erhalten.

🛏 Dolvean House, 50 Melvill Road, Falmouth, Cornwall TR11 4DQ, ☏ 00 44/(0)13 26/31 36 58, ✉ reservations@dolvean.co.uk, 💻 www.dolvean.co.uk/de

In Veryan liegt das Elerkey Guest House, das ebenfalls schöne und typisch britische Zimmer anbietet.

🛏 Elerkey Guest House, Veryan, Truro, Cornwall TR2 5QA, ☏ 00 44/(0)18 72/50 12 61, ✉ anne@elerkeyguesthouse.co.uk, 💻 www.elerkeyguesthouse.co.uk

Lostwithiel ist ein guter Stützpunkt für die Wanderungen zwischen Mevagissey und Looe. Auch das Bodmin Moor, obwohl näher an der Nordküste, können Sie von hier gut erreichen. Hier können wir die Ferienwohnung Little Pol empfehlen.

🛏 Ferienwohnung, Little Pol bei Lostwithiel. Das Cottage ist über die Agentur Boutique Retreats (☞ oben) zu buchen.

Für Lizard Peninsula:
Die Lizard Halbinsel haben wir entweder von der Castallack Farm oder von Falmouth aus besucht. Die Entfernungen sind nicht so groß, sodass das gut möglich ist.

Verkehrsmittel

Trotz des gut ausgebauten Busnetzes empfiehlt sich vor Ort ein Mietwagen bzw. das eigene Auto. Sie kommen damit deutlich weiter als mit den Bussen. Zudem ist nicht jeder Ausgangspunkt der Wanderungen mit dem Bus erreichbar.

Achten Sie beim Mieten auf ausreichende Haftpflichtsummen und darauf, dass Unfallschäden ohne Selbstbeteiligung abgedeckt sind. Es gibt einige gute Vergleichsportale, die Ihnen das beste Mietwagenangebot ausweisen.

Häufig möchten Ihnen Mietwagenfirmen vor Ort zusätzlichen Versicherungsschutz verkaufen. Wenn Sie in Deutschland bereits ohne Selbstbeteiligung gebucht haben, wird der Schutz vom Vermittler übernommen. Lassen Sie sich also zu nichts überreden.

Nehmen Sie kein zu großes Auto, da die Straßen in Cornwall oft sehr schmal sind. Die Straßen sind fast ausschließlich mit typisch cornischen Hecken eingefasst. Die kleineren Straßen sind meist praktisch einspurig, aber es gibt überall Ausweichmöglichkeiten. Fahren Sie entsprechend vorsichtig und defensiv. In Cornwall ist es eine nette Sitte, sich an Ausweichmöglichkeiten zu bedanken.

P Häufig parken Sie auf Parkplätzen des National Trust, an denen kein Parkautomat steht. Sie finden dort aber Spendenboxen, bei denen Sie selbstverständlich einen Betrag einwerfen.

Für einige Streckenwanderungen benötigen Sie einen Bus. Das gut ausgebaute Busnetz in Cornwall hilft hier sehr gut weiter.

Die Busfahrpläne erhalten Sie im Internet unter
www.firstgroup.com/cornwall/plan-journey/timetables

Wanderinfrastruktur

Cornwall hat ein hervorragendes Wegenetz von „Public Footpaths", die sehr gut gekennzeichnet sind (gelber Pfeil). Ein Großteil verläuft auf dem South West Coast Path (Markierung gelbe Eichel), der entlang der gesamten Küste verläuft. Manche Wege im Landesinneren sind nicht immer gemäht und häufig wachsen hier Brennnesseln, Disteln und Brombeeren, sodass Sie dann unbedingt eine lange Hose anziehen sollten.

Im Moorland dagegen wird auf Markierungen weitgehend verzichtet und Sie dürfen sich frei bewegen. Statische Wege würden das Moor zerstören, deshalb ist es wichtig, nicht auf scheinbar ausgetretenen Wegen zu wandern.

Klima und Reisezeit

Das Wetter in Cornwall ist deutlich besser als sein Ruf. Wir hatten in den letzten beiden Jahren in vier Wochen ganze drei Regentage. Öfter mal ist es bewölkt oder

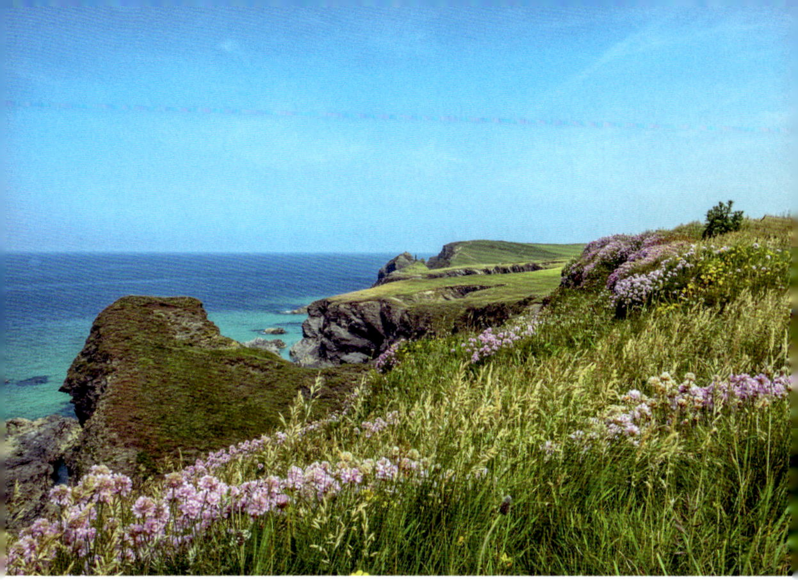

Blühende Grasnelken rechts und links des Weges (Tour 6)

ein kurzer Schauer zieht durch. Längere Regenperioden sind aber im Frühling ab Mai und im Herbst bis Oktober selten. Deshalb sollten Sie keinesfalls Sonnenschutz vergessen. Da es nie richtig heiß wird, unterschätzt man die Sonneneinstrahlung gerne. Die idealen Wandermonate sind Mai und Juni sowie September und Oktober. Im Sommer ist es durch die englischen Ferien sehr voll, sodass man von einer Reise besser absehen sollte.

Bei Sturm sollten Sie keine Küstenwanderung unternehmen. Brechen Sie außerdem besser nur bei guter Sicht ins Moor auf. Und auch wenn es mehr trockene Tage gibt, als man denkt: Regensachen gehören trotzdem immer in den Rucksack! Darüber hinaus sollten Sie unbedingt robuste, wasserdichte Wanderschuhe mitnehmen. Ebenso empfiehlt sich warme, atmungsaktive Kleidung (inkl. Mütze).

Karten und GPS-Tracks

Trotz der Beschreibungen in diesem Buch und den GPS-Tracks empfehlen sich die guten Wanderkarten von Ordnance Survey. Für die Wanderungen in diesem Buch benötigen Sie folgende Karten, alle im Maßstab 1:25.000:

- ▷ Blatt 102 Land's End (Tour 15-22)
- ▷ Blatt 103 The Lizard (Tour 23-26)
- ▷ Blatt 104 Redruth & St Agnes (Tour 11 & 12)
- ▷ Blatt 105 Falmouth & Mevagissey (Tour 27-29)
- ▷ Blatt 106 Newquay & Padstow (Tour 4-10)
- ▷ Blatt 107 St Austell & Liskeard (Tour 30-33)
- ▷ Blatt 109 Bodmin Moor (Tour 13 & 14)
- ▷ Blatt 111 Bude, Boscastle & Tintagel (Tour 2 & 3)
- ▷ Blatt 126 Clovelly & Hartland (Tour 1)

Die Karten sind in Deutschland problemlos zu erhalten.

☺ Die Kartenempfehlungen wurden von der Geobuchhandlung Kiel überprüft.

💻 www.geobuchhandlung.de

☺ Die Touren 7 und 25 laufen durch mehr oder weniger flaches Gelände ohne nennenswerte Höhenunterschiede. Daher wurde in diesen beiden Fällen auf die Darstellung eines Höhenprofils verzichtet.

Die GPS-Tracks zu den beschriebenen Wegen können Sie von der Internetseite des Verlags herunterladen.

💻 www.conrad-stein-verlag.de

📖 **GPS** *Grundlagen · Tourenplanung · Navigation* von Michael Hennemann, Conrad Stein Verlag, Basiswissen für draußen Band 375, ISBN 978-3-86686-495-5, € 9,90

Wandern mit Kindern und Buggy

Die Wanderungen auf Cornwall sind sehr unterschiedlich, von leichten Wanderungen auf breiten Wegen bis hin zu Touren auf schmalen Pfaden, die Trittsicherheit erfordern und somit nur für ältere, wandererfahrene Kinder geeignet sind. Die Kindereignung haben wir bei jeder Wanderung beschrieben. Kleinere Kinder tragen Sie am besten in einer Kindertrage.

Auch wenn Cornwall sicher kein typisches Ziel für Wanderer mit Buggy ist, so haben wir so ziemlich alle Möglichkeiten für Buggytouren in dieses Buch aufgenommen. Achten Sie bei der Auswahl des Gefährts auf eine gute Federung und

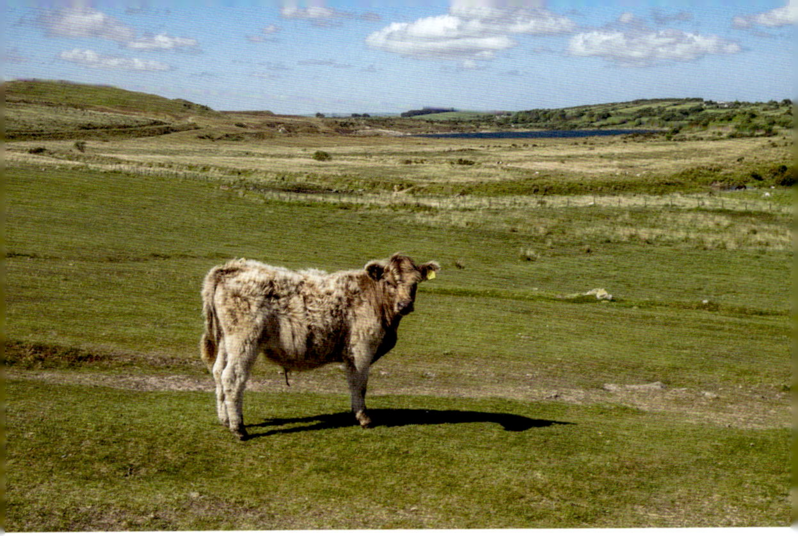

In Weidegebieten den Hund bitte anleinen!

große Räder sowie eine gut funktionierende Handbremse, um den Buggy auch bei Steigungs- und Gefällestücken sicher parken zu können.

Wandern mit Hunden

Cornwall ist ein ideales Wandergebiet für Hunde. Sie werden auf den Wanderungen auf viele Hundebesitzer mit ihrem vierbeinigen Freund treffen. Die Engländer lieben Hunde. Die Wege sind für Hunde gut zu begehen, da es nur wenig Teer- und Schotterabschnitte gibt. Zudem wird es tagsüber nicht so heiß wie in unseren Breitengraden. Sie sollten für Ihren Hund aber unbedingt Wasser mitnehmen, da nicht viele Wanderungen an Bächen vorbeiführen. Im Bereich der Weiden sollten Sie Ihren Hund anleinen. Entsprechende Hinweise finden Sie, wenn Sie durch ein Gatter die Weide betreten. Auf dem Küstenpfad können Sie Ihren Hund in der Regel frei laufen lassen. Die Stiles werden in der Regel kein Problem darstellen. Nur kleinere Hunde müssen eventuell mal hinübergehoben werden.

An einigen Stränden ist das Betreten mit Hunden im Sommer verboten. Informationen dazu erhalten Sie online unter (💻 www.cornwall.gov.uk → Environment and planning → Animal welfare → Dog Welfare and Enforcement Service → Controlling your dog in public → Dogs on beaches). Bei jeder Wanderung finden Sie eine entsprechende Angabe.

Strenge Quarantänebestimmungen hielten Hundefreunde lange Zeit von einer Reise nach Großbritannien ab. Seit 2012 wurden die Regelungen deutlich vereinfacht, sodass eine Mitnahme des Hundes inzwischen empfohlen werden kann.

Folgende Bestimmungen sind bei der Einreise aus einem EU-Land zu beachten:

- Microchip mit Identifikationsnummer
- Tollwutimpfung mindestens 21 Tage vor Reiseantritt
- Heimtierausweis
- Bandwurmbehandlung (1-5 Tage vor der Einreise)

Die genaueren Informationen finden Sie unter www.gov.uk.

Updates

Der Conrad Stein Verlag veröffentlicht Updates zu diesem Wanderführer, die direkt von den Autoren oder von Lesern des Buches stammen. Sie finden sie auf der Internetseite des Verlags (www.conrad-stein-verlag.de), wenn Sie dort diesen Buchtitel aufrufen. Der links abgebildete QR-Code führt Sie direkt zur richtigen Seite.

Wichtige Begriffe

Folgende Begriffe werden Ihnen in diesem Wanderführer und bei Ihrem Cornwall-Urlaub immer wieder begegnen:

Public Footpath: Öffentlicher Fußweg – grüne Schilder mit weißer Schrift weisen auf den Weg hin, der mit gelben Pfeilen markiert ist.

Public Bridleway: Öffentlicher Reit- und Wanderweg – auch hier weisen Schilder auf die Wege hin, die mit blauen Pfeilen markiert sind.

Permissive Path: Wanderweg über Privatland – Betreten ist hier geduldet.

Car Park: Öffentlicher Parkplatz

Coast Path: Küstenpfad, dieser umzieht die gesamte Küste Cornwalls.

Cottage: Ferienhaus

Cove: Bucht

Kissing Gate: Schwingtor zwischen Feldern zum Durchgehen für eine Person

Lifeboat Station:	Stützpunkt für Rettungsboote
Peninsula:	Halbinsel
Stile:	Trittstufen über eine Mauer oder einen Zaun
Stone Circle:	Steinkreis
Tin Mine:	Zinnmine
Tor:	großer Felsen, felsige Anhöhe

Die Bucht von Port Quin (Tour 4)

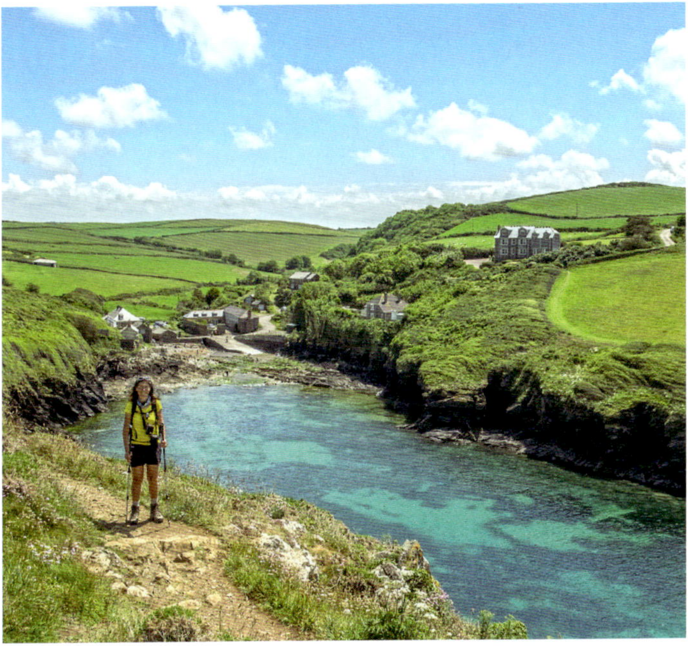

Nordküste und Bodmin Moor

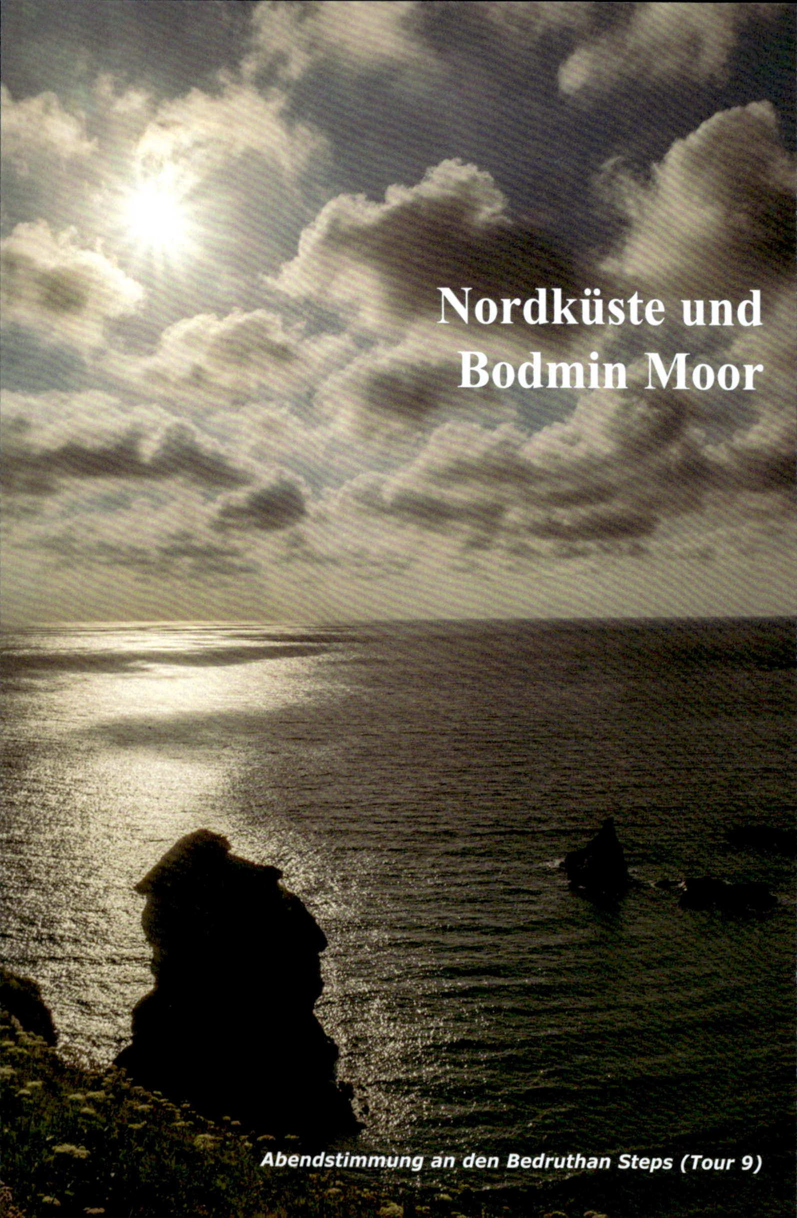

Abendstimmung an den Bedruthan Steps (Tour 9)

1 Von Morwenstow nach Marsland

Tour für Naturliebhaber

Morwenstow liegt an der Grenze zu Devon. Die Küste ist hier sehr wild und bietet Ihnen dadurch beeindruckende Tiefblicke. Die Tour führt ziemlich anstrengend über ein paar Erhebungen zum Naturreservat Marsland. Der Rückweg erfordert etwas Orientierungssinn.

Start/Ziel: Morwenstow, GPS N 50°54.316' W 004°33.131'

7,7 km

3 Std.

322 m/322 m

29-143 m

Küstenpfad (gelbe Eichel), Public Footpath, im Landesinneren teilweise unmarkierte Pfade

keine Einkehr unterwegs, Rectory Farm Tea Room in Morwenstow

Es gibt keine Rastplätze auf der Tour. Schön sitzen können Sie auf dem Henna Cliff (km 1,9).

Die Tour ist erst für Kinder ab etwa 12 Jahren geeignet, da sie durch die vielen Gegenanstiege recht anstrengend ist.

Die Tour verläuft auf schmalen Wegen und ist daher für Buggys nicht geeignet.

Die Tour verläuft fast durchgehend auf Pfaden und ist gut für Hunde geeignet. Sie sollten aber bei den Farmen an die Leine genommen werden.

P Parkplatz in Morwenstow beim Rectory Farm Tea Room

mit dem Bus Nr. 216 (Mi vormittags) von Bude oder mit der Linie 217 (einmal vormittags) von Hartland nach Morwenstow

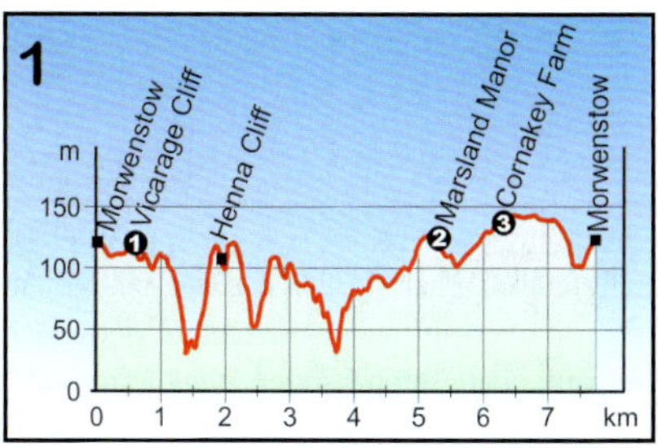

Direkt neben dem P Parkplatz in Morwenstow befindet sich die Kirche St Morwenna mit ihrem schönen Friedhof.

Nach einem Besuch der Kirche wandern Sie zwischen dieser und dem Tea Room zu einem Gatter. Sie überqueren die folgende Wiese und erreichen bald den Coast Path am Vicarage Cliff ❶. Ihre Wanderroute verläuft nach rechts in nördlicher Richtung. Ein Wegweiser lädt Sie nach links zu einem kurzen Abstecher zur Hawker's Hut ein.

Robert Stephen Hawker

Von 1834 bis 1875 stand Robert Stephen Hawker der Pfarrei von Morwenstow vor. Der Geistliche veröffentlichte einige Gedichte. Hawker's Hut ist ein kleiner Unterschlupf über dem Meer, in dem er Opium rauchte und seine Gedichte schrieb. Heute gehört es dem National Trust.

Nach dem kurzen Abstecher zur Hütte wandern Sie auf demselben Weg wieder zurück zum Vicarage Cliff. Die Nordküste ist hier im Grenzgebiet zu Devon sehr beeindruckend. Sie wandern jetzt längere Zeit an dieser spektakulären Steilküste entlang. Nach dem Vicarage Cliff fällt der Weg sehr steil ab, auf der gegenüberliegenden Hangseite steigt er ebenso steil zum Henna Cliff wieder auf. Ein Zaun schützt Sie davor, zu nah an den Abbruch heranzutreten.

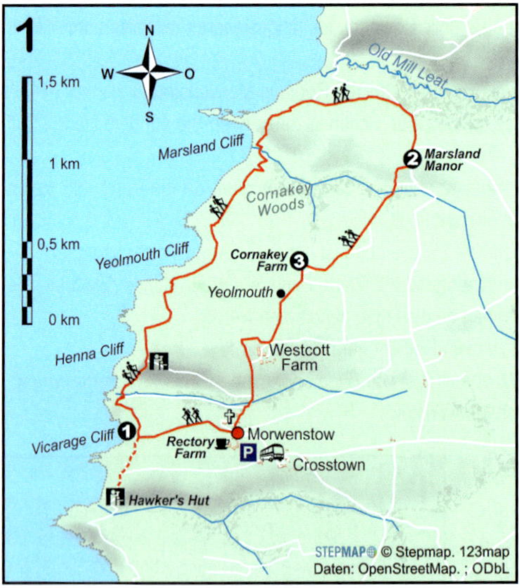

Nach der verdienten Pause am Henna Cliff folgt ein weiterer steiler Abstieg in ein Tal und der nächste, wiederum ziemlich steile Aufstieg. Der Steig bringt Sie über Wiesen zum Yeolmouth Cliff. Der Übergang zum Cornakey Cliff ist etwas sanfter. Anschließend steigen Sie ein letztes Mal steil bergab und schwitzen auf der anderen Seite ein letztes Mal sehr steil bergauf über Treppenstufen zum Marsland Cliff. Sie folgen noch kurz dem Küstenpfad, bis nach rechts ein deutlicher Fußpfad abzweigt (kein Wegwei-

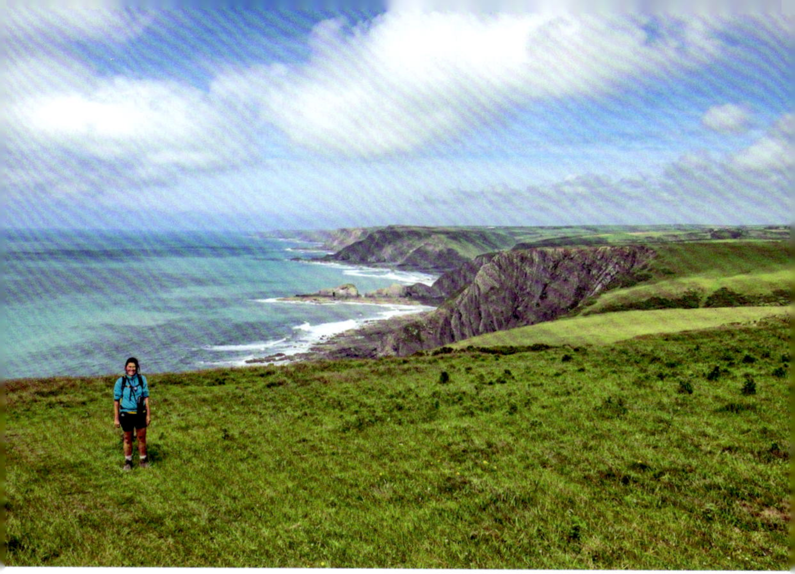

Weit reicht der Blick vom Henna Cliff bis Devon

ser). Der Steig nimmt Sie in östlicher Richtung ins Landesinnere mit. Der Weg quert dabei ohne Höhenverlust den Hang, bis Sie ein kleines Wäldchen erreichen. Hier treffen Sie auf einen von links heraufkommenden, breiteren Weg. Auf diesem wandern Sie nach rechts aufwärts an Little Marsland vorbei zu einer Teerstraße. Nach rechts biegen Sie in die Teerstraße ein und wandern zu dem Anwesen Marsland Manor ❷. Sie gehen an den Häusern vorbei, bis nach dem letzten Haus ein Footpath über einen Stile führt. Der Fußweg bringt Sie unterhalb der Gebäude in den Wald. Hier biegen Sie scharf nach links ab und steigen über eine steile, steinige Rinne abwärts zu einem Bach. Auf zwei Brücken überqueren Sie den Bach und steigen anschließend steil zu einer Weide hinauf. Diese und die direkt danach folgende Weide überqueren Sie in südwestlicher Richtung.

Durch ein Gatter betreten Sie eine weitere Weide. Entlang des Zaunes wandern Sie zu einem weiteren Gatter. Durch dieses gehen Sie hindurch und wandern weiter bis kurz vor die Cornakey Farm ❸. Vor der Farm zweigt nach links ein Public Footpath ab. Über Treppen steigen Sie hinauf zu einer Kuhweide und biegen gleich nach rechts zu einem Gatter ab. Durch das Gatter gehen Sie auf eine Straße direkt hinter der Farm, die Sie somit umgangen haben. Sie folgen der Straße nach links, bis an einer Linkskurve gleich wieder ein Fußpfad nach schräg rechts abzweigt. Ein weiteres kleines Farmhaus taucht vor Ihnen auf. Nach dem Passieren des Gatters gelangen Sie an ein paar Gebäude. Direkt nach dem linken Gebäude kommen Sie über einen Stile zu einer Weide. Über diese wandern Sie bis kurz vor eine Farm. Hier zweigt ein Fußweg nach rechts und gleich wieder nach links ab. Nach einem kurzen Wegstück gelangen Sie auf der linken Seite an eine Treppe. Über diese steigen Sie über den Zaun. Nun wandern Sie weiter auf dem Steig, der an der Farm vorbei abwärts führt. Er bringt Sie in den Wald. Dort überqueren Sie eine Brücke und steigen auf der anderen Talseite steil bergauf zu einem Landhaus. Wenig später erreichen Sie den Friedhof und anschließend den **P** Parkplatz in Morwenstow.

In der Kirche von Morwenstow wirkte Robert Stephen Hawker

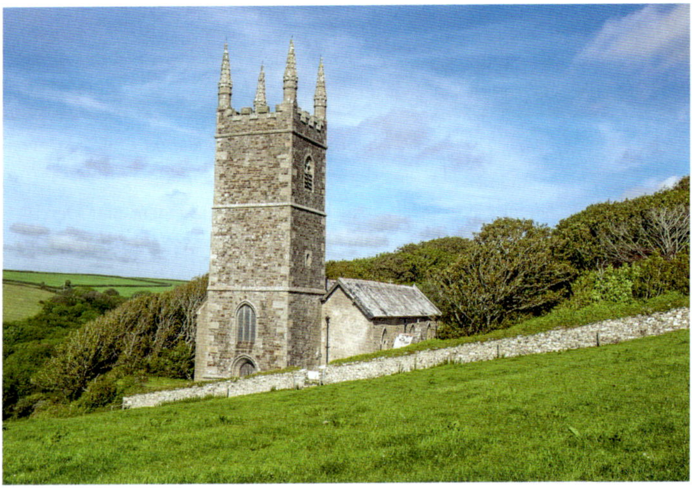

Dort lohnt eine Einkehr im Rectory Farm Tea Room, das sich direkt oberhalb des Parkplatzes befindet.

Rectory Farm Tea Room, Morwenstow, Bude, Cornwall EX23 9SR, 00 44/(0)12 88/33 12 51, www.rectory-tearooms.co.uk, Mo-So 11:00-17:00

❷ Von Bude zur Widemouth Bay

Tour für Surferfans

Bude ist ein Surferparadies. Beeindruckend sind die Wellen, die hier auf die Küste prallen. Die Wanderung zur Widemouth Bay gehört zu den leichteren Touren in diesem Buch. Dazu passt der Rückweg entlang des Bude Canal.

- Start/Ziel: Bude, GPS N 50°49.375' W 004°32.481'
- 9,7 km
- 3 Std.
- 163 m/163 m
- 4-49 m
- Küstenpfad (gelbe Eichel), Public Footpath zum Bude Canal, dort dem geteerten Weg am Kanal entlang folgen
- The Weir bei der Whalesborough Farm (km 6,9)
- Es gibt keine Rastplätze auf dieser Tour, sehr schön ist es am Compass Point (km 1,1) und am Efford Beacon (km 1,6).
- Die Umgebung von Bude ist für ihre Sandstrände bekannt. Einen Besuch lohnt Summerleaze Beach in Bude und Widemouth Beach, etwas südlich des Umkehrpunktes Ihrer Wanderung.
- Die Tour ist für Kinder ab etwa 8 Jahren geeignet. Am Bude Canal schwimmen viele Enten.
- Der Küstenpfad von Bude nach Widemouth Bay und zum Bude Canal führt über schmale Wege und ist für Buggys ungeeignet. Am Bude Canal dagegen können Sie sehr gut mit Buggy wandern. Die Wanderung verläuft dann nur auf den Abschnitten zwischen Bude und dem Whalesborough Tea Room (km 6,9).
- Der Küstenpfad ist für Hunde gut geeignet. Auch am Bude Canal kann man mit Hunden gut wandern, allerdings ist dieser Abschnitt geteert. Am Widemouth Beach sind Hunde von Ostern bis zum 30. September nicht zugelassen. Der Strand muss aber für die Wanderung nicht betreten werden.
- P gebührenpflichtiger Parkplatz in der Ortsmitte von Bude
- mit dem Bus Nr. 216 oder 219 (mehrmals täglich) von Kilkhampton oder dem Bus Nr. 95 von Wadebridge nach Bude

Vom großen P Parkplatz an der i Tourismus-Information in Bude gehen Sie über die Brücke auf die andere Seite des Kanals. Dort biegen Sie direkt vor dem

Falcon Hotel nach rechts in Richtung Coast Path ab (Wegweiser). Nun folgen Sie dem Sträßchen zur Kirche und zu ein paar Cottages. Den Wegweiser durch ein Gatter (Coast Path) ignorieren Sie und gehen stattdessen zwischen den Cottages hindurch bis zu einer Treppe auf der linken Seite des Weges. Hier finden Sie auch einen Wegweiser des Coast Path. Ab hier wandern Sie mit wunderschönen Blicken auf den Sandstrand von Bude auf dem Küstenpfad. Der Coast Path biegt bald nach links ab. Sie sollten aber noch einen kurzen Abstecher zum Strand unternehmen. Dort können Sie den Surfschulen beim Üben in den Wellen des Meeres zusehen.

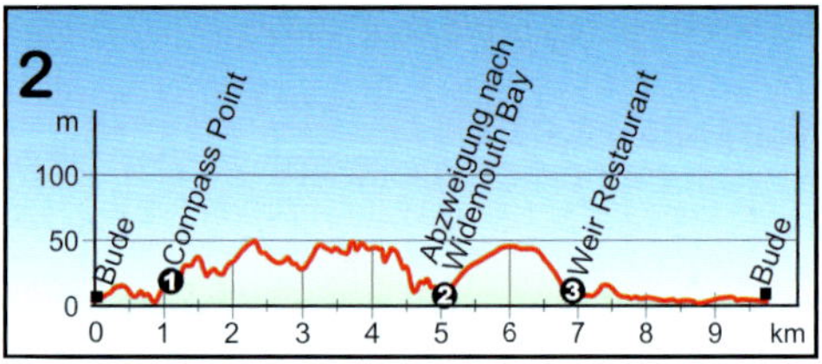

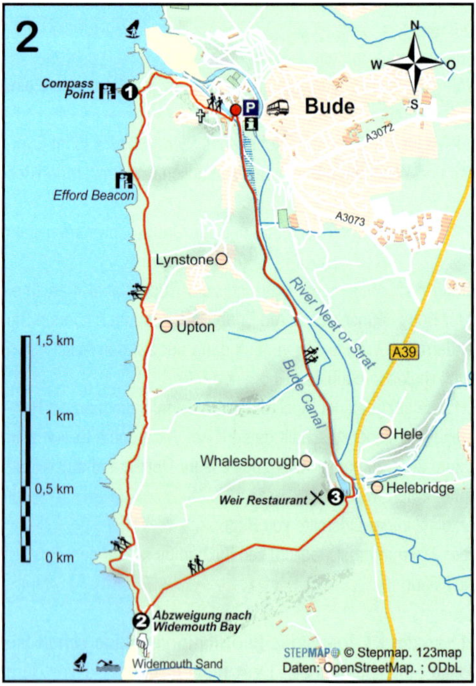

Nach dem Abstecher wandern Sie über Wiesen zum Compass Point ❶ (km 1,1) mit seinem Steinturm (S. 27).

Anschließend bringt Sie der Küstenpfad hinüber zum nahen Efford Beacon (km 1,6) mit betoniertem Gipfelsymbol. Genießen Sie die grandiose Aussicht auf diesem eindrucksvollen Küstenabschnitt. Nach einer kurzen Pause wandern Sie auf dem Küstenpfad bis zu den Häusern von Upton.

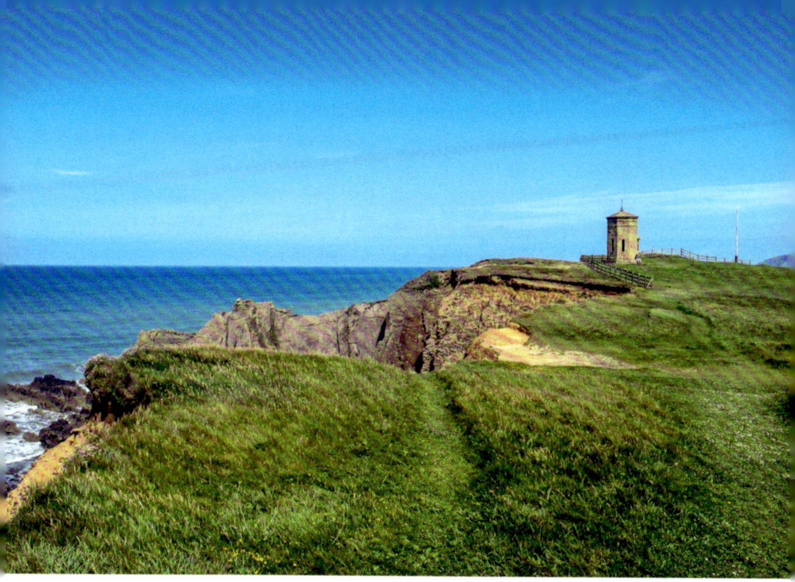

Blick zurück zum Compass Point

Der Coast Path verläuft nun entlang der Küstenstraße weiter in Richtung Süden. Auch wenn die Straße sehr nah ist, so stört sich doch nicht wirklich. Sie konzentrieren sich einfach auf die landschaftlichen Höhepunkte auf der rechten Seite. Sie passieren noch einen schönen Aussichtspunkt und wandern weiter bis zu ein paar Cottages. Noch vor den Häusern von Widemouth Bay (km 5,1) nehmen Sie einen Fußpfad nach links zur Straße, die Sie überqueren ❷.

Der Strand von Widemouth Bay ist bei Surfern und Badegästen sehr beliebt.

Auf der gegenüberliegenden Straßenseite sehen Sie ein Schild „Public Footpath", dem Sie folgen. Sie wandern am linken Rand eines Feldes bis zu einem weiten Getreidefeld. Dieses überqueren Sie zu einem gegenüberliegenden Stile. Es erwarten Sie zwei weitere Getreidefelder, bis Sie zu einem Gatter gelangen, durch das Sie hindurchgehen. Sie befinden sich nun in unmittelbarer Nähe zu Helebridge. In einem Bogen gehen Sie nach links zu einem kleinen See, neben dem sich mit dem Weir Restaurant ❸ (km 6,9) eine Einkehrmöglichkeit bietet.

✕ The Weir, Whalesborough Farm, Marhamchurch, Bude Cornwall EX23 0JD, ☏ 00 44/(0)12 88/36 22 34, 💻 www.weir-restaurant-bude.co.uk, 🚪 täglich 9:00-16:30

Nach einer gemütlichen Pause gehen Sie über den Parkplatz. Ein Wegweiser schickt Sie in Richtung Bude. Hier kommen Sie zum Bude Canal. Der geteerte Weg entlang des Kanals bringt Sie zurück nach Bude.

Traumhafte Landschaft zwischen Bude und Widemouth Bay

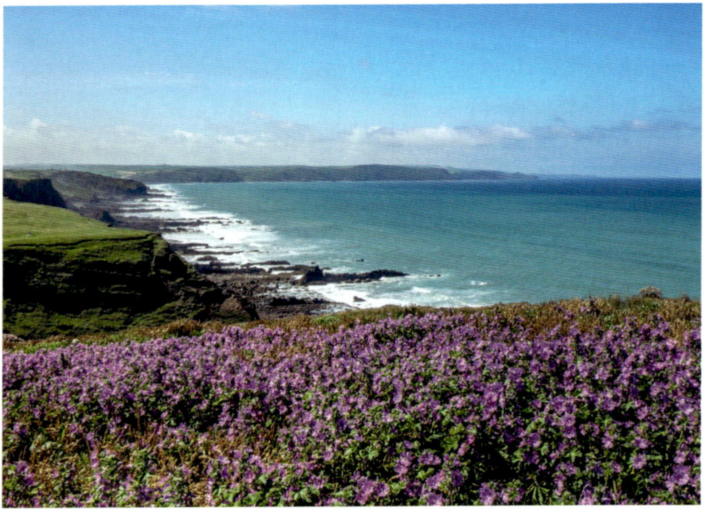

Bude Canal

Der Bude Canal stammt aus dem frühen 19. Jahrhundert. Auf ihm wurde Seetang zur Verbesserung der Böden ins Landesinnere transportiert, außerdem wurden Schiefer und Granit auf dem Kanal befördert. Ursprünglich sollte er die Nordküste mit dem Ärmelkanal verbinden. Es war geplant, dass er von Bude über Launceston und den River Tamar verlaufen sollte, das ehrgeizige Projekt wurde allerdings nie verwirklicht. Daher war der Kanal nur kurz in Betrieb. Heute ist der flache Asphaltweg neben dem alten Wasserweg bei Spaziergängern beliebt.

3 Von Tintagel nach Boscastle

Tour für Interessierte an englischen Sagen

Die Tour beginnt im berühmten Tintagel und führt zum Castle, das angeblich der Geburtsort von König Arthus war. Von hier wandern Sie auf dem eindrucksvollen Küstenpfad entlang der Steilabbrüche ins Meer bis nach Boscastle. Auf der nicht zu langen Tour genießen Sie die wunderbare Landschaft der Nordküste.

→ Start: Tintagel, GPS N 50°39.855' W 004°45.208';
Ziel: Boscastle, GPS N 50°41.415' W 004°41.492'

8,4 km

3 Std.

↑↓ 232 m/296 m

17-87 m

Küstenpfad (gelbe Eichel)

keine Einkehrmöglichkeit unterwegs, Gaststätten am Start in Tintagel und nach der Wanderung in Boscastle

Auf der Tour gibt es nur eine Bank nach ca. 3,6 km. Sie finden unterwegs aber viele schöne Rastplätze.

Die Tour ist für Kinder ab 8 Jahren geeignet. An ein paar steileren Stellen ist Vorsicht angebracht.

Die Strecke verläuft auf einem schmalen Pfad mit einigen Anstiegen, für Buggys ist sie somit nicht geeignet. Lediglich zum Castle können Sie von Tintagel aus wandern.

Die Tour verläuft durchgehend auf Pfaden und ist gut für Hunde geeignet. Sie sollten aber in den Einzäunungen an die Leine genommen werden.

P gebührenpflichtiger Parkplatz in Tintagel

Der Bus Nr. 95 fährt mehrmals täglich von Wadebridge oder Camelford nach Tintagel, Haltestelle am Visitor Centre. Die Rückfahrt von Boscastle nach Tintagel erfolgt ebenfalls mit der Linie Nr. 95 (alle 2 Std.).

☺ Falls Sie schon am Vorabend anreisen wollen, empfehlen wir das Bosayne Guest House bei Keith und Julie Walker. Bosayne Guest House, Atlantic Road, Tintagel, PL34 0DE, ☎ 00 44/(0)18 40/77 05 14, enquiries@bosayne.co.uk, www.bosayne.co.uk, EZ £ 31-34, DZ £ 60-70, mit Frühstück

Sie beginnen die Wanderung in Tintagel, einem bekannten Touristenort an der Nordküste Cornwalls. Im Ort selbst lohnt sich die Besichtigung von ⌘ The Old

Post Office. Das Haus stammt aus dem 14. Jahrhundert und beherbergte von 1844 bis 1892 das Postamt.

⌘ Tintagel Old Post Office, Fore Street, Tintagel, Cornwall PL34 0DB, ☏ 00 44/(0)18 40/77 00 24, 💻 www.nationaltrust.org.uk/tintagel-old-post-office, 🚪 Mo-So 10:30-17:30

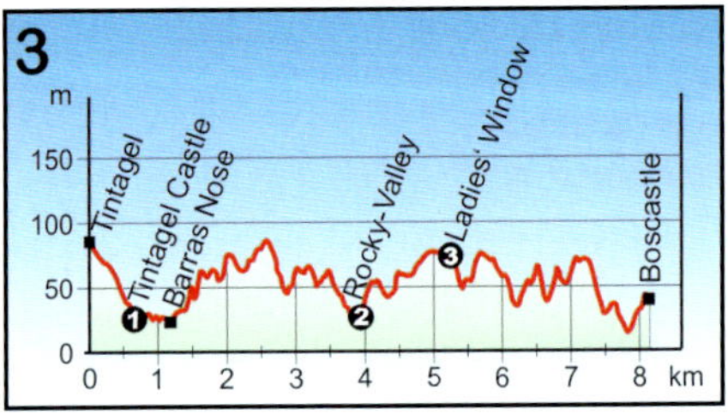

Vom Parkplatz in Tintagel wandern Sie zur Rechtskurve der Hauptstraße durch den Ort und folgen der dort beginnenden schmaleren Straße in Richtung ♜ Castle ❶ (km 0,7).

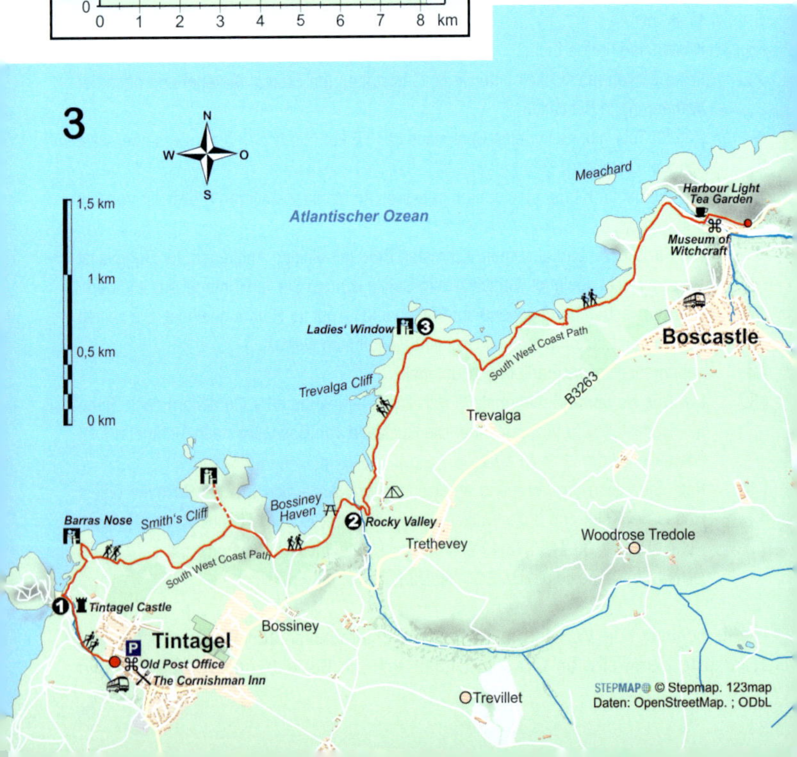

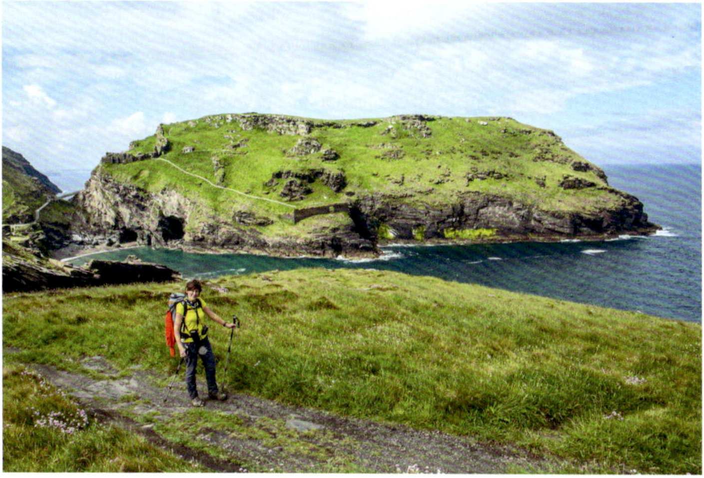

Blick auf das Tintagel Castle

Tintagel Castle

Die Burg soll der Geburtsort von König Arthus sein. Von der Festung stehen nur noch Ruinen, die Sie besichtigen können.

Tintagel Castle, Castle Rd, Tintagel, Cornwall PL34 0HE, www.english-heritage.org.uk/visit/places/tintagel-castle/, Anfang April bis Ende September täglich 10:00-18:00, Eintritt: £ 9,50 für Erwachsene, £ 5,70 für Kinder, £ 24,70 für Familien

Hier treffen Sie auf den South West Coast Path, dem Sie bis nach Boscastle folgen. An der Bucht wenden Sie sich nach rechts und steigen hinüber zur Barras-Nose-Halbinsel. Vom höchsten Punkt genießen Sie eine traumhafte Aussicht auf das Meer und die eindrucksvollen Felsklippen. Ihren Weiterweg können Sie gut erkennen. Sie wandern weiter aufwärts, am Smith's Cliff vorbei zu einer weiteren Halbinsel. Hier lohnt es sich, dem Pfad ein wenig in Richtung Meer zu einem Aussichtspunkt zu folgen und die Rundumsicht zu genießen.

Aber Vorsicht! Die Felsen brechen links sehr steil ins Meer ab. Achten Sie besonders auf mitwandernde Kinder und Vierbeiner.

Nach dem kurzen Abstecher wandern Sie weiter auf dem Coast Path. Dieser bringt Sie über freies Gelände abwärts bis zu einer Wegverzweigung. Hier können Sie einen kleinen Abstecher zum Strand Bossiney Haven unternehmen. Danach wandern Sie hoch über dem Meer mit traumhafter Aussicht weiter in Richtung Boscastle. Sie gelangen zu einer Bank, die zu einer ersten größeren Pause einlädt. Immer wieder faszinieren die eindrucksvollen Felsklippen und das blaue Meer. Die Blumenvielfalt links und rechts des Weges wird Sie begeistern.

Das Ladies Window

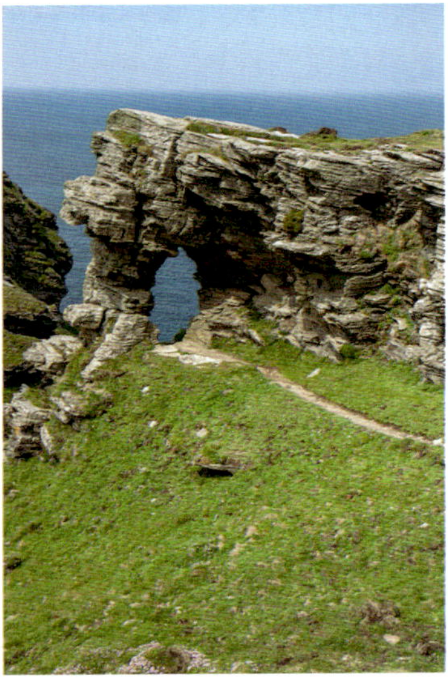

Nach der Bank führt der Weg steil hinunter ins Rocky Valley ❷. Hier empfiehlt es sich, dem Pfad vor der Brücke ein wenig in Richtung Meer zu folgen und den Blick zwischen den Felsen aufs Meer zu genießen.

Anschließend überqueren Sie den Bach auf der Brücke und steigen steil aufwärts bis unterhalb eines Campingplatzes. Sie wandern hinüber zum Ladies Window ❸, durch das Sie unbedingt hindurchgehen sollten.

Sie stehen nun auf einem traumhaften Aussichtsbalkon direkt über dem Meer.

Der Weiterweg bringt Sie zu einer Wegverzweigung kurz vor Trevalga. Hier wenden Sie sich nach links und gehen über das Weideland weiter. Nach einem kurzen Zwischenabstieg steigen Sie wieder steil aufwärts. Sie umwandern anschließend eine größere Bucht bis unterhalb eines schon lange sichtbaren, weißen Gebäudes. Dabei handelt es sich um einen Aussichtsposten der Küstenwache. Sie folgen dem Coast Path weiter bis nach Boscastle und ignorieren dabei ein paar Abzweigungen nach rechts. Im Ort verlassen Sie den Küstenpfad und können in einer der Gaststätten oder Cafés einkehren.

Besonders empfehlenswert ist das Harbour Light in Boscastle. In dem kleinen Teehaus am Hafen können Sie wunderbar in der Sonne sitzen und Cornish Cream Tea genießen.

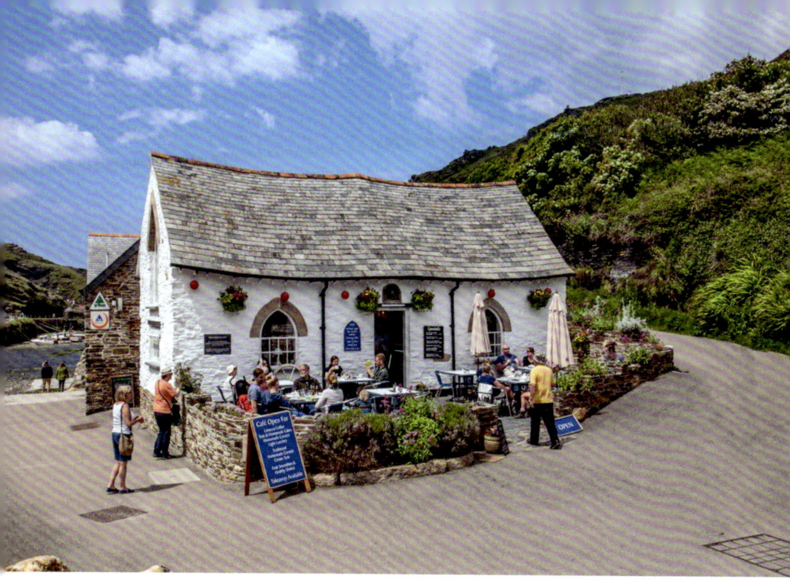

Eine willkommene Einkehr – das Teahouse am Hafen von Boscastle

☕ Harbour Light Tea Garden, The Harbour, Boscastle PL35 0AG,
☎ 00 44/(0)18 40/25 09 53, im Sommer täglich geöffnet

Interessant ist das ⌘ Hexenmuseum in Boscastle.

⌘ Museum of Witchcraft, The Harbour, Boscastle PL35 0HD,
☎ 00 44/(0)18 40/25 01 11, www.museumofwitchcraft.com,
Ende März bis Ende Oktober Mo-Sa 10:30-18:00, So 11:30-18:00

Boscastle

Am 16. August 2004 wurde Boscastle von einer riesigen Flut heimgesucht. Massive Regenfälle und der Höchststand der Flut sorgten dafür, dass große Teile des Hafens zerstört wurden. Durch den rechtzeitigen Einsatz der Armee konnten die Einwohner aber gerettet werden, sodass das Unglück keine Todesopfer forderte.

4 Port Isaac und Port Quin

Tour für gute Wanderer

Anspruchsvolle, aber auch eindrucksvolle Wanderung auf dem Küstenabschnitt zwischen Port Isaac und Port Quin. Die Natur besticht mit einer wilden Felsenküste, an der sich mit etwas Glück Delfine im Wasser entdecken lassen.

Start/Ziel: Port Quin, GPS N 50°35.255' W 004°50.332'

8,4 km

3 Std. 30 Min.

376 m/376 m

7-76 m

Küstenpfad (gelbe Eichel), Public Footpath

Einkehrmöglichkeiten in Port Isaac (km 3)

Rastplätze oberhalb von Port Isaac (km 3,5). Sehr schön rasten können Sie auch am Varley Head (mit kleiner Bank, km 5,1).

Die Tour ist bei entsprechender Vorsicht für Kinder ab ca. 12 Jahren geeignet. Teilweise ist der Küstenpfad etwas ausgesetzt.

Der Weg verläuft nur auf schmalen Pfaden und ist für Buggys nicht geeignet.

Der Küstenpfad ist für Hunde gut geeignet, sie sollten auf Weiden aber an die Leine genommen werden.

P gebührenpflichtiger Parkplatz des National Trust in Port Quin

Es gibt keine Busverbindung nach Port Quin. Sie können allerdings mit der Linie 96 von Wadebridge nach Port Isaac (alle drei Stunden) fahren.

Die ganze Tour wird Sie begeistern

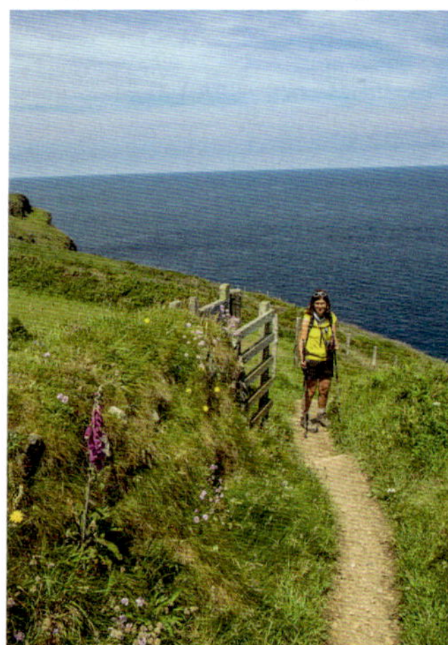

Vom P Parkplatz in Port Quin folgen Sie kurz der rechten Straße in Richtung St Endellion. Nach einem Cottage beginnt links ein Public Footpath in Richtung Port Isaac (Wegweiser). Sie überqueren einen Stile und wandern über das nächste Feld.

Auf dem Footpath gehen Sie über die folgenden Felder bis kurz vor die Roscarrock Farm. Vor der Farm wandern Sie in einem Bogen nach links zu einem Durchschlupf im Zaun. Dieser befindet sich auf der gegenüberliegenden Seite der Wiese.

Sie erreichen ein Wäldchen, durch das der Pfad steil bergab zu einem Bach führt. Über eine Holzbrücke überqueren Sie den Bach und folgen dem Wegweiser weiter in Richtung Port Isaac. Der Steig bringt Sie hinauf zu einem Feld, das Sie schräg abwärts zu einem Durchschlupf durch einen Zaun auf der gegenüberliegenden Seite überqueren. Dieser liegt genau in der Mitte des Zaunes. Nun wandern Sie auf einem schmalen, etwas überwachsenen Steig bis nach Port Isaac ❶. Sie erreichen eine Teerstraße, auf der Sie in wenigen Minuten nach rechts zum Hafen absteigen. Die ✕ Cafés und Restaurants rund um den Hafen laden zu einer Einkehr ein. Oder Sie gönnen sich einfach ein leckeres Pasty.

Das Fischerdorf Port Isaac

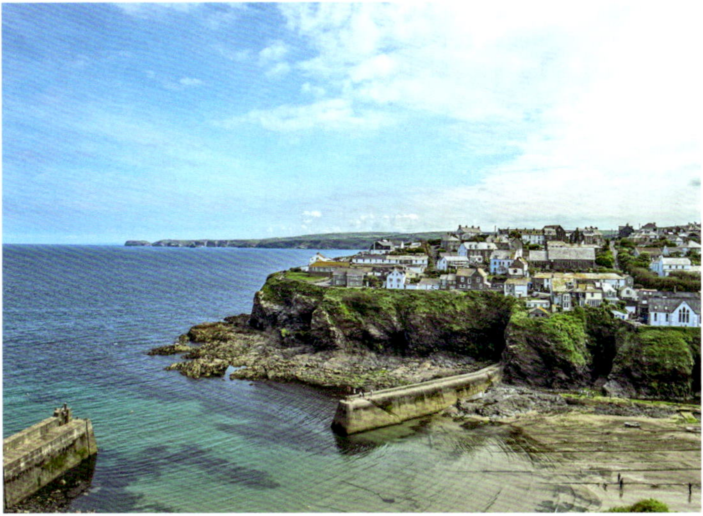

Port Isaac

Port Isaac war früher ein kleines, ruhiges Fischerdorf. Inzwischen wurde der Ort vom Tourismus entdeckt und zählt zu den beliebtesten Ausflugszielen an der

Nordküste. Das kleine Dorf diente in den letzten Jahren immer wieder als Kulisse für Film- und Fernsehproduktionen. Unter anderem wird die britische Serie „Doc Martin" in Port Isaac gedreht.

Der Rückweg nach Port Quin verläuft über einen sehr eindrucksvollen Wegabschnitt des Küstenpfades. Er zweigt an der Stelle ab, an der Sie vorhin die Asphaltstraße erreicht haben. Sie gehen dorthin zurück und folgen anschließend den Markierungen des Küstenpfades.

Über ein paar Wiesen wandern Sie aufwärts zu aussichtsreich positionierten Bänken über Port Isaac. Nach einer kurzen Pause bringt Sie der Küstenpfad bergab zu der Einmündung des Baches, den Sie vorhin im Landesinneren auf der Holzbrücke überquert haben. Nun folgt ein sehr anstrengender und schweißtreibender Aufstieg über nicht enden wollende Stufen. Nach einem kurzen Zwischenabstieg stehen Sie vor dem Varley Head ❷. Hier lohnt es sich, den Steigspuren noch ein wenig in Richtung Meer zu folgen. Sie gelangen auf einen sehr schönen Rastplatz mit einer exponiert stehenden Bank. Nach der kurzen Rast gehen Sie wieder zurück zum Küstenpfad und wandern in teilweise anstrengendem Auf und Ab bis zum Kellan Head ❸.

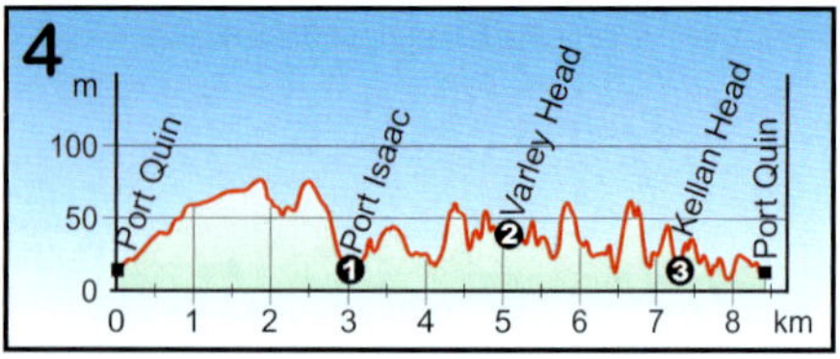

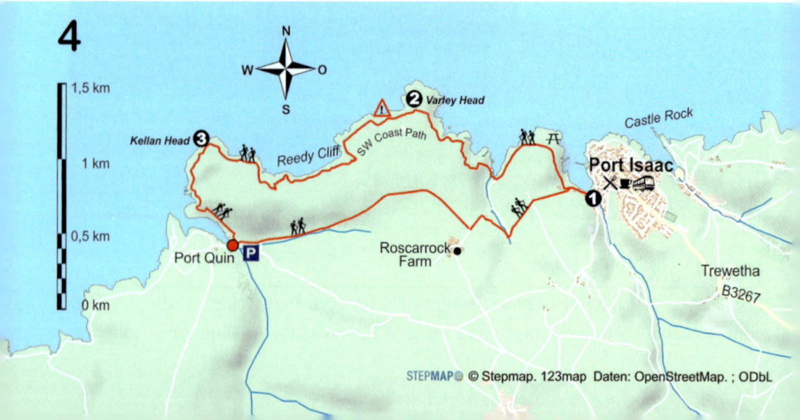

Der Weg ist in diesem Abschnitt teilweise etwas ausgesetzt und erfordert entsprechende Vorsicht. Dies gilt vor allem, wenn Sie Kinder auf die Wanderung mitnehmen.

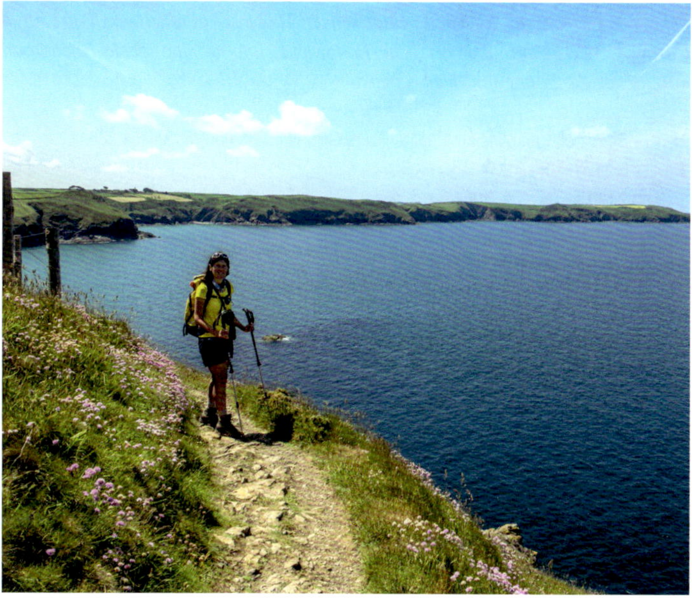

Im letzten Abschnitt vor Port Quin

Mit etwas Glück können Sie vor dem Kellan Head Delfine beobachten, die sich gerne vor diesem Küstenabschnitt im Meer tummeln. Vom Kellan Head ist es nicht mehr weit, bis Sie auf dem markierten Küstenpfad wieder Port Quin erreichen.

Port Quin

Das kleine Örtchen Port Quin wurde im 19. Jahrhundert von seinen Bewohnern aufgegeben. Viele wanderten aus, da sie keine Arbeit mehr fanden. Heute gehört Port Quin dem National Trust. Die kleinen Cottages können für einen einsamen Urlaub gemietet werden.

5 Zum Pentire Point bei Polzeath

Tour für Abendspaziergänger

Pentire Point liegt an der Spitze einer kleinen Halbinsel nördlich von Polzeath in Cornwall. Die kleine, aber herrliche Rundwanderung ist eine ideale Abendtour, kurz bevor die Sonne im Meer versinkt.

↻	Start/Ziel: Parkplatz am Pentire Point, GPS N 50°35.000' W 004°54.586'
⮕	6,2 km
⌛	2 Std.
↑↓	153 m/153 m
⇧	4-70 m
✎	Markierungen des Küstenpfades (gelbe Eichel)
✕	keine Einkehrmöglichkeiten unterwegs
⊼	Es gibt bei der dieser Tour keine Rastplätze, am Abzweig zu Rumps Point (km 1,9) und zum Pentire Point (km 3) sitzt es sich aber schön im Gras.
👪	Die Tour ist für Kinder ab 8 Jahren geeignet, da sie nicht besonders lang ist. Auf der Wanderung können immer wieder Vögel beobachtet werden. Am Ende kommen Sie noch an einem Sandstrand vorbei.
Buggy	Die Tour ist für Buggys nicht geeignet.
Hund	Die Wanderung kann gut mit Hunden begangen werden. Der Strand ist von Ostern bis zum 30. September allerdings für Hunde gesperrt.
P	National-Trust-Parkplatz am Pentire Point
Bus	Mit dem Bus der Linie 96 können Sie nach Polzeath fahren (viermal täglich). Allerdings müssen Sie dann noch zu Fuß zum Parkplatz wandern (ca. 2 km).

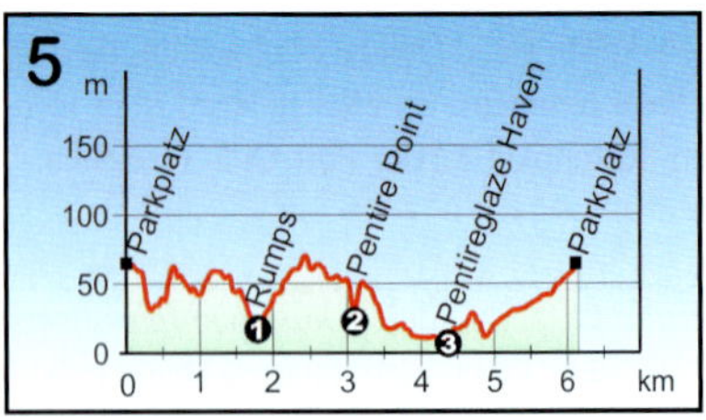

Vom National Trust Car Park am Pentire Point spazieren Sie in wenigen Schritten zum nahen Küstenpfad. Auf diesem wandern Sie nach links zu einem ersten Aussichtspunkt. Anschließend geht es an einer kleinen Steinmauer entlang und dann abwärts bis zu den Rumps ❶. Dabei handelt es sich um Erhebungen auf einer kleinen Halbinsel. Auf Pfadspuren könnte man die höchsten Punkte erreichen. Es

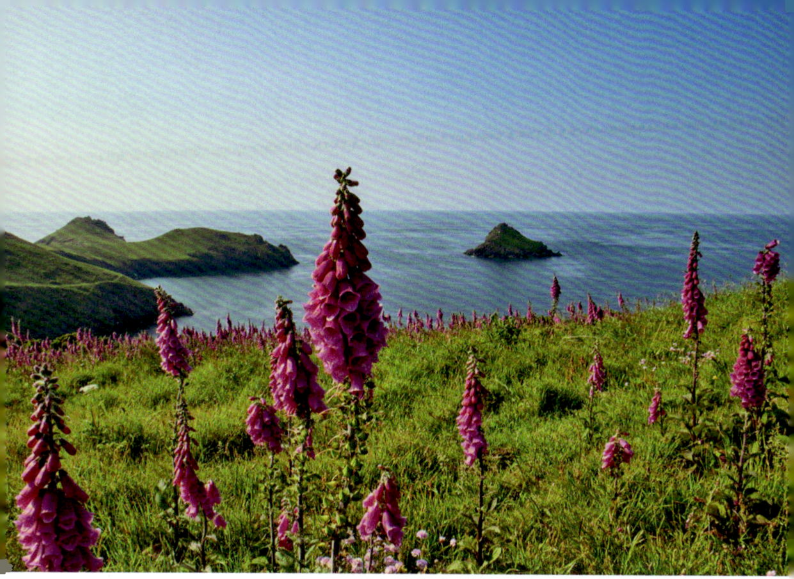

Wieder blicken wir zu den Rumps

empfiehlt sich aber, ein wenig Abstand zu halten, da in der Region gerne Vögel nisten, die Sie nicht stören sollten.

Anschließend gehen Sie wieder ein Stück zurück und wandern nach rechts hinüber bis zum Pentire Point ❷. Von hier oben können Sie eine grandiose Aussicht auf das Camel Estuary bewundern. Anschließend folgen Sie dem Küstenpfad in Richtung Polzeath. Sie steigen hinab bis zum schönen Strand von Pentireglaze Haven ❸. Ab hier wandern Sie auf

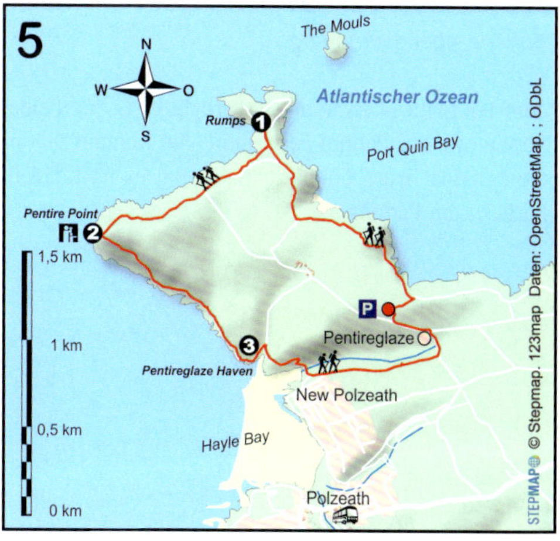

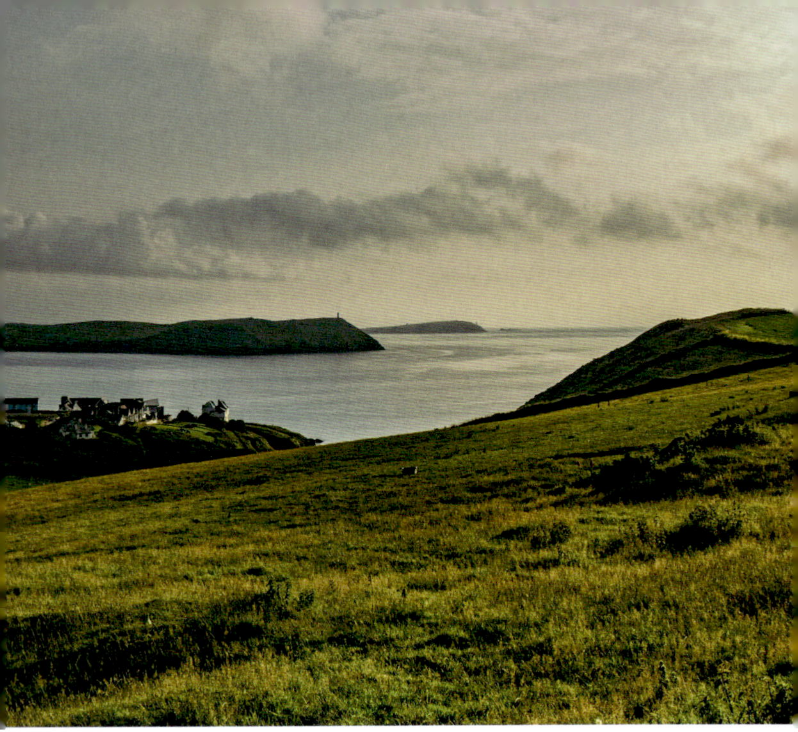

Schöne Abendstimmung

dem Footpath in Richtung Pentireglaze. Er führt über mehrere Weiden bis zur Straße, die zur Pentire Farm führt. Sie wenden sich nach links und durchqueren die National Trust Cottages. Bald geht es nach links auf die Straße und wieder zurück zum Parkplatz.

6 Von Padstow nach Trevone

Tour für Freunde von Wasser und Natur

Die Tour beginnt ganz gemütlich mit einem Spaziergang zur Harbour Cove. Anschließend folgen der Aufstieg zur Nordküste mit wunderschönen Aussichtspunkten sowie der großartige Küstenpfad nach Trevone. Durch das Landesinnere wandern Sie zurück nach Padstow.

- Start/Ziel: Padstow, GPS N 50°32.351' W 004°56.100'
- 12,7 km
- 4 Std.
- 297 m/297 m
- 4-62 m
- Küstenpfad (gelbe Eichel), Public Footpath
- Einkehrmöglichkeiten in Padstow und Trevone (km 9,6)
- Es gibt keine Rastplätze auf dem Weg. Auf den Wiesen im Bereich des Küstenpfades finden sich aber schöne Plätze für eine Pause.
- Bademöglichkeiten in der Harbour Cove (km 1,6) und am Strand von Trevone (km 9,2)
- Die Tour ist aufgrund der Länge erst für Kinder ab etwa 10 Jahren geeignet.
- Der erste Abschnitt von Padstow zur Harbour Cove ist für geländegängige Buggys gut geeignet.
- Der Küstenpfad ist für Hunde gut geeignet, sie sollten auf Weiden aber an die Leine genommen werden. St. George's Cove und Trevone Beach sind von Ostern bis zum 30. September für Hunde gesperrt. Sie müssen für die Wanderung aber nicht betreten werden.
- P: Gebührenpflichtiger Parkplatz in Padstow, alternativ können Sie in Rock parken und mit der Fähre nach Padstow fahren.
- Mit dem Bus der Linie A5 von Newquay (mehrmals täglich) oder Bus Nr. 11A von Wadebridge (stündlich) kommen Sie nach Padstow zur Haltestelle Bus-Terminal.

Vom Hafen von Padstow wandern Sie auf einem breiten, geteerten Weg zu einem großen Steinkreuz. Anschließend folgen Sie dem immer noch sehr guten Weg oberhalb der St. George's Cove ❶ zur Harbour Cove ❷. Bis hierher ist der Weg auch sehr gut mit einem geländegängigen Buggy befahrbar. Dann verlässt der Küstenpfad den Strandbereich und führt ein wenig nach links ins Landesinnere.

Nach einem Gatter nehmen Sie nicht den verlockenden geradeaus führenden Weg zu einem Tea Room, sondern biegen nach rechts auf den Küstenpfad ab. Dieser zieht sich direkt oberhalb des Strandes zur Coastguard Station. Sie spazieren zwischen den Häusern hindurch bis zu deren Ende. Dort befindet sich eine eine Tea Station.

Danach bringt Sie der Küstenpfad zu einem schönen Aussichtspunkt ❸. Nach einem kurzen Abstieg steigen Sie hinauf zu einem Steinturm. Hier in den umliegenden Wiesen lässt es sich schön rasten und die wunderbare Landschaft an Cornwalls Nordküste bestaunen. Bald folgen Sie wieder dem Küstenpfad über einfach zu begehendes Gelände.

Unglaublich schön.
Blick auf eine Bucht bei Trevone

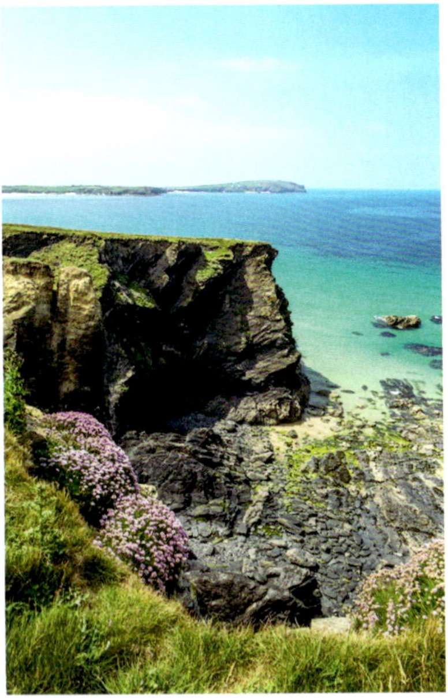

Ein kurzer, etwas steilerer Abstieg bringt Sie zu einem ins Meer mündenden Bach. Auf der anderen Bachseite steigen Sie wieder bergauf und bleiben auf dem Küstenpfad. Vor Trevone gehen Sie noch einen letzten Bogen und steigen anschließend hinunter zum Sandstrand.

Vom Strand spazieren Sie auf der Hauptstraße in den Ort ❹, bis nach der Kirche bei einer Rechtskurve ein Public Footpath nach links abzweigt. Nach dem Zaun überqueren Sie ein Getreidefeld, das Sie zu einem Bach bringt. Diesen überqueren Sie ebenfalls und folgen dem teilweise zugewachsenen Pfad zu einer Farm und ein paar schön gelegenen Cottages.

Sie betreten eine Straße, bleiben aber nur kurz auf dieser und wandern nach ein paar Metern geradeaus auf einen Public Footpath. Auf diesem überqueren Sie mehrere Felder und erreichen Trethillick ❺ mit dem Padstow Farm Shop, in dem Sie lokale Produkte aus Cornwall erwerben können.

Padstow Farm Shop, Trethillick Farm, Padstow, Cornwall PL28 8HG, ☏ 00 44/(0)18 41/53 30 60, www.padstowfarmshop.co.uk, Di-Sa 10:00-16:00

Kurz nach dem Shop gelangen Sie an eine Straßenkreuzung. Hier biegen Sie kurz nach links ab und folgen direkt vor dem ersten Steinhaus dem Public Footpath wieder nach links. Dieser bringt Sie über ein Feld zu einer Straße, auf der Sie nach rechts bis nach Padstow wandern. Sie spazieren am ⌘ Prideaux Place vorbei, dessen Besuch sich lohnt.

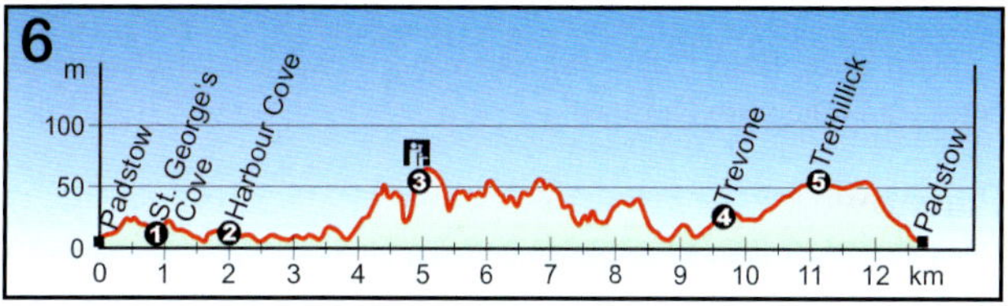

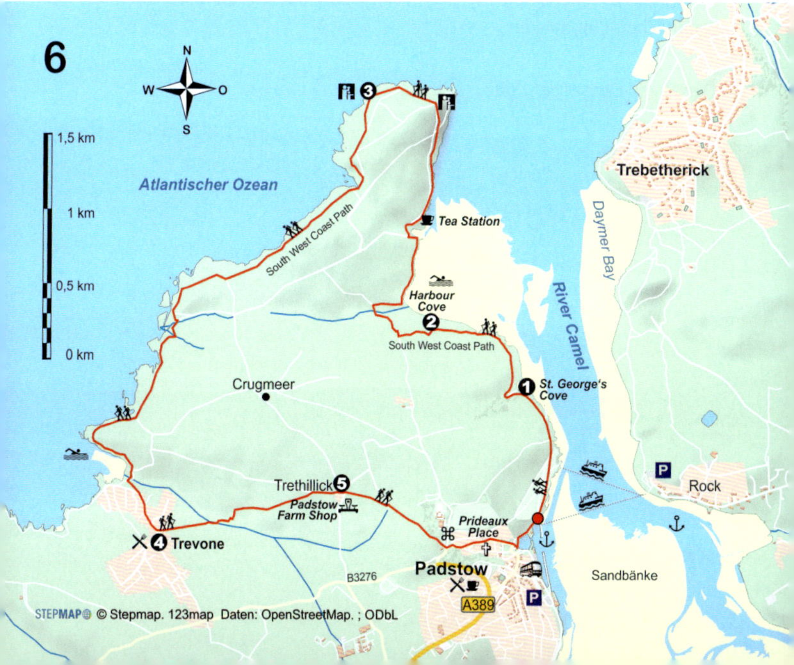

Prideaux Place

Das Herrenhaus wurde 1592 während der Regentschaft von Elisabeth I. erbaut. Das Haus wird von einem 16 Hektar großen Park umgeben, von dem sich ein schöner Blick auf den River Camel bietet. Im Prideaux Place befindet sich auch ein ☕ Tea Room.

⌘ Prideaux Place, Padstow, Cornwall PL28 8RP, ☏ 00 44/(0)18 41/53 24 11, office@prideauxplace.co.uk, www.prideauxplace.co.uk, Anfang Mai bis Anfang Oktober, 13:30-16:00, ☕ Cafè 10:30-17:00

Nach einem Besuch des Anwesens wandern Sie durch die Church Street hinunter zum Hafen von Padstow.

Padstow

Der Ort hat mit dem River Camel und den engen Gassen ein schönes Flair. Das macht ihn zu einem der beliebtesten Touristenorte in Cornwall, der leider im Sommer total überlaufen ist. Die vielen Cafés und Restaurants laden zu einer gemütlichen Einkehr ein.

Der River Camel bei Ebbe

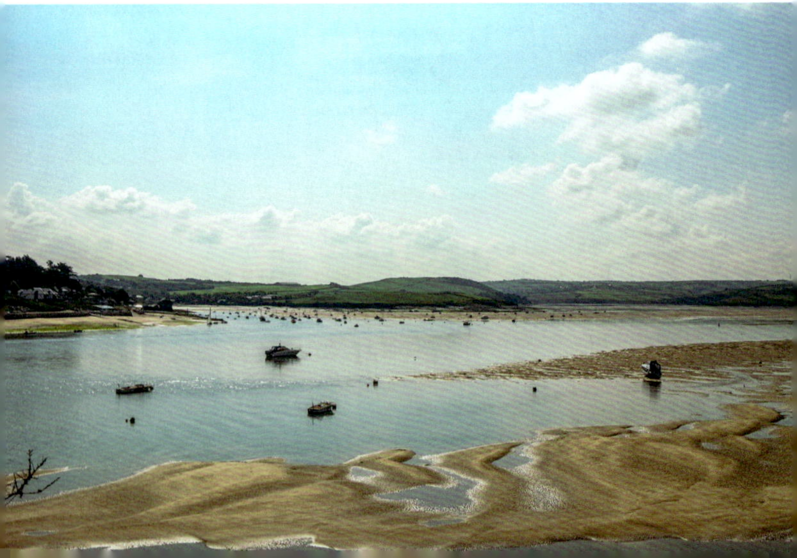

7 Auf dem Camel Trail von Padstow nach Wadebridge

Tour für wirklich jeden

Der Camel Trail ist eine sehr beliebte Wander- und Radeltour von Padstow nach Wadebridge. Die Tour führt auf fast durchgehend geteerter Strecke am River Camel entlang. Unterwegs können Sie viele Tierarten bewundern, die am Fluss ihr Zuhause gefunden haben.

→ Start: Padstow, GPS N 50°32.266' W 004°56.091';
Ziel: Wadebridge, GPS N 50°31.088' W 004°50.347'

8,5 km

2 Std. 45 Min.

↑↓ 39 m/31 m

⇧ 0-17 m

Wegweiser mit Beschriftung Camel Trail, Orientierung völlig problemlos

Einkehrmöglichkeiten in Padstow und Wadebridge, Snack-Station auf der Hälfte des Weges (km 5)

Rastplätze nach einer Brücke, hinter Padstow (ca. km 2,5)

Die Tour ist gut für Kinder ab ca. 8 Jahren geeignet. Die Teerstrecke ist nicht sonderlich spannend. Es bieten sich am Anfang und Ende aber immer wieder schöne Möglichkeiten, Tiere im Fluss zu beobachten.

Der komplette Weg ist für Buggys sehr gut geeignet.

Der Weg ist zwar geteert, trotzdem ist die Wanderung bei Hundebesitzern sehr beliebt.

P Gebührenpflichtiger Parkplatz in Padstow, alternativ können Sie in Rock parken (ebenfalls gebührenpflichtig) und mit der Fähre nach Padstow übersetzen.

Der Bus der Linie 11A fährt von Wadebridge nach Padstow zur Haltestelle Bus-Terminal (stündlich). Mit diesem Bus kommen Sie bei Anreise mit dem Auto auch zurück nach Padstow.

☺ Der Camel Trail ist nicht nur bei Wanderern beliebt, sondern auch bei Fahrradfahrern. Verleihstationen gibt es am Hafen von Padstow. Bei einem Leihen von Fahrrädern in Padstow kann man die Räder auch in Wadebridge abgeben. Dies muss beim Start in Padstow vereinbart werden. Ansonsten fährt man mit dem Fahrrad den Trail wieder zurück.

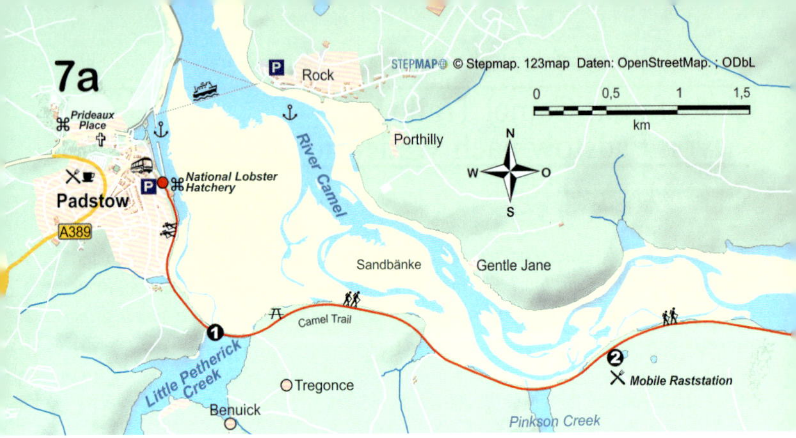

☺ Unweit von Wadebridge liegt das Camel Valley Vineyard, von dem die Queen ihren Wein bezieht.

Der Camel Trail beginnt in der Nähe der ⌘ Lobster Hatchery. Dabei handelt es sich um ein Informationszentrum über Hummer.

⌘ National Lobster Hatchery, S Quay, Padstow, Cornwall PL28, ☏ 00 44/(0)18 41/53 38 77, 💻 www.nationallobsterhatchery.co.uk

Die mobile Verpflegungsstation

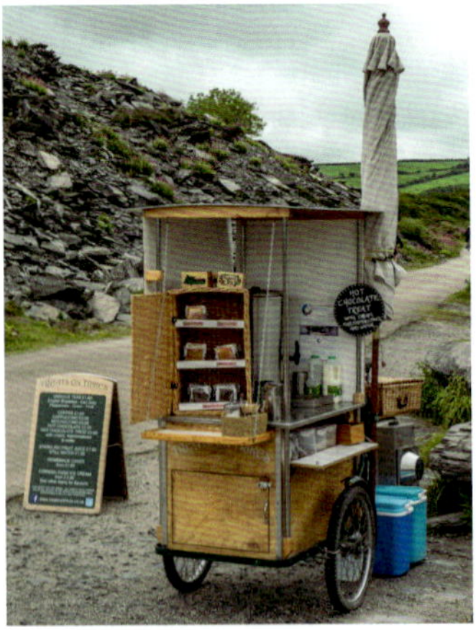

In der Nähe der Lobster Hatchery befinden sich ein großer, gebührenpflichtiger 🅿 Parkplatz, die 🚌 Bushaltestelle und einige Fahrradverleihe.

Vom Hafen von Padstow ist der Beginn des Camel Trails mit großen Wegweisern ausgeschildert. Der gesamte Trail verläuft auf einer alten Eisenbahnstrecke. Die relativ breite Wanderroute ist fast durchgehend geteert, an einigen Stellen aber auch geschottert. Kurz nach Padstow überqueren Sie auf einer großen Brücke den Little Petherick Creek ❶. Wenig später finden Sie auf der linken Seite schöne ⩚ Rastplätze. Der Weg verläuft teilweise etwas im Landesinneren, oft aber auch direkt in

Flussnähe. Sie genießen immer wieder einen schönen Blick auf den Fluss. Ein Fernglas mitzunehmen lohnt sich, da Sie mit etwas Glück die unterschiedlichsten Vögel bewundern können, die am River Camel leben.

Auf der Hälfte der Wegstrecke laufen Sie zwischen ein paar Schuttbergen hindurch. Hier steht häufig eine mobile Verpflegungsstation ❷. Nach einer kurzen Stärkung wandern Sie weiter in Richtung Wadebridge.

Je näher Sie dem Zielort kommen, umso schmaler wird der Fluss. Hier sehen Sie sehr häufig jede Menge Wasservögel. Sie gehen auf dem breiten Weg weiter

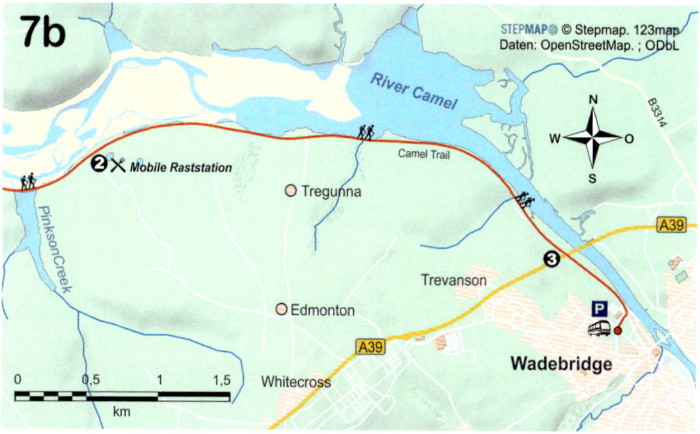

und wandern unter der A39 durch ❸. Nun ist es nicht mehr weit bis Wadebridge, ein Willkommensschild begrüßt Sie recht herzlich. Sie erreichen bald einen Kreisverkehr. Die Haltestelle für den Bus nach Padstow befindet sich, wenn Sie am Kreisverkehr nach rechts abbiegen, gleich auf der linken Straßenseite. Alternativ können Sie auch geradeaus in Richtung der Altstadt von Wadebridge wandern und dort in den Bus nach Padstow einsteigen.

Camel Valley Vineyard

England gilt nicht als das typische Weinanbaugebiet. Im Camel Valley gibt es eine der wenigen Kellereien Cornwalls. Königin Elizabeth II. bezieht den Wein, den sie auf Staatsempfängen ihren Gästen anbietet, von diesem Weingut. Eine Besichtigung des Weingutes lohnt sich, auch wenn die Weine etwas „sauer" schmecken.

♦ Camel Valley Vineyard, Nanstallon, Bodmin, Cornwall PL30 5LG, ☏ 00 44/(0)12 08/779 59, camelvalley.com, Mo-Sa 10:00-17:00

Der River Camel bei Flut, links Padstow

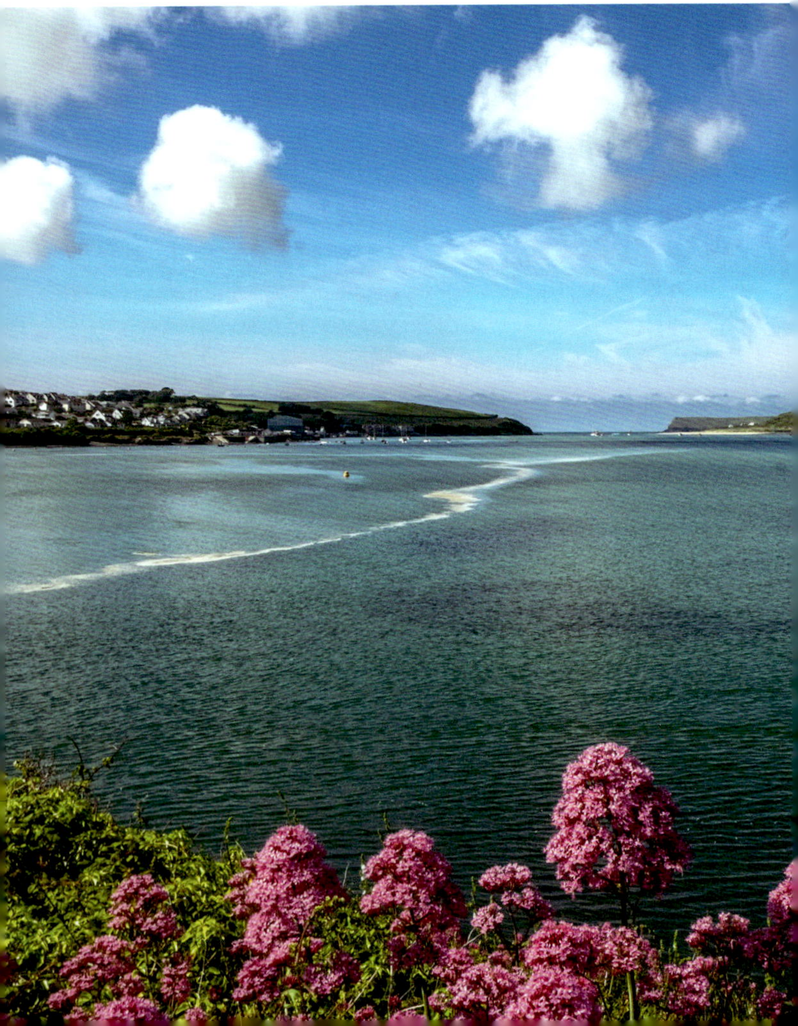

8 Rund um Trevose Head

Tour für Strandliebhaber

Die Wanderung beginnt bei Porthcothan und führt durch eine eindrucksvolle Landschaft nach Constantine Bay. Nun erwarten Sie traumhafte Sandstrände, die alle durchwandert werden. Der Weiterweg bringt Sie zum Leuchtturm am Trevose Head mit wunderbarer Aussicht auf das Meer. Auch der Küstenabschnitt zur Harlyn Bay begeistert durch seine landschaftliche Schönheit.

→ Start: Porthcothan, GPS N 50°30.294' W 005°01.197';
Ziel: Harlyn Bridge, GPS N 50°32.382' W 004°59.645'

11,5 km

3 Std. 30 Min.

↑↓ 209 m/234 m

⇧ 2-61 m

Küstenpfad (gelbe Eichel)

Einkehrmöglichkeiten an den Kiosken am Strand bei Treyarnon (km 3,9) und an der Harlyn Bay (km 11,5)

Rastplätze bei Treyarnon (km 3,9) sowie bei Trevose Head (km 7,1)

Bademöglichkeiten am Strand bei Treyarnon (km 3,9), Constantine Bay (km 4,6) und Harlyn Bay (km 11,5)

Die Tour ist aufgrund der Länge für Kinder ab etwa 12 Jahren geeignet.

Der Weg ist für Buggys nicht geeignet. Lediglich an der Promenade von Constantine Bay kann man mit einem Buggy spazieren gehen.

Der Weg ist für Hunde sehr gut geeignet. Auf den Weiden sind die Hunde anzuleinen. Die Strände sind für Hunde erlaubt.

P gebührenpflichtiger Parkplatz an der Harlyn Bridge, von dort mit dem Bus der Linie 56 weiter nach Porthcothan

mit dem Bus der Linie A5 von Newquay oder Padstow (mehrmals täglich) nach Porthcothan

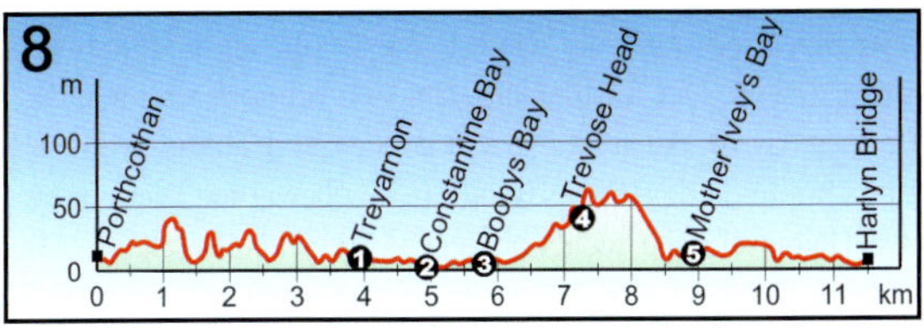

Von der Bushaltestelle bei Porthcothan wandern Sie zum nahen Strand und spazieren über diesen zum Beginn des Küstenpfades auf der Nordseite des Strandes. Alternativ können Sie über die Straße zum Wegbeginn marschieren. Sie gehen durch ein Gatter, an dem Sie auf seltene Vögel hingewiesen werden. Gleich zu Beginn genießen Sie einen spektakulären Blick auf die eindrucksvolle Küste mit ihren steilen Felsklippen sowie hinunter zum Strand von Porthcothan.

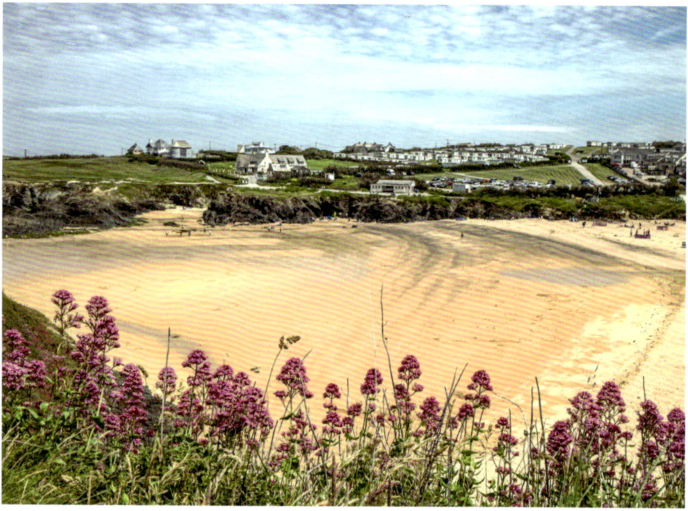

Der Strand von Treyarnon

Sie folgen dem Küstenpfad an einem Campingplatz vorbei bis vor den Strand von Treyarnon ❶. Hier sind einige Bänke aufgestellt, die zu einer ersten Rast einladen. Sie überqueren den Strand und wandern gleich nach Betreten der Straße nach links. An den WC-Häuschen und vielen Sitzbänken vorbei spazieren Sie an der Küste weiter bis Constantine Bay ❷. Der Küstenpfad verläuft hier über den Sandstrand. Ihr Ziel ist eine Treppe am Ende des Strandes, auf der Sie hinaufsteigen. Der Küstenpfad zieht sich vom oberen Ende der Treppe weiter bis Boobys Bay ❸. Auch hier spazieren Sie oberhalb des schönen Sandstrandes entlang. Am Ende des Weges wandern Sie über grüne Wiesen, bis Sie vor einer kleinen Halbinsel nach rechts abbiegen. Sie sehen bereits den Leuchtturm von Trevose Head vor sich. Über eine Treppe erreichen Sie einen Steig, der oberhalb einer Straße entlangläuft. Diesem folgen Sie kurz in Richtung Leuchtturm, steigen dann aber auf einer weiteren kleinen Treppe zur Straße hinab. Sie überqueren sie und wandern auf der anderen Seite aufwärts, bis Sie oberhalb des Leuchtturms ankommen ❹.

Der Küstenpfad verläuft nun oberhalb der Küste und bringt Sie wieder zu ein paar schönen Bänken. Sie können die Aussicht bewundern und blicken in Richtung Trevone und zur Küste, die bis nach Padstow führt.

Der Weiterweg bringt Sie nach rechts zu einer Teerstraße, die Sie überqueren. Die Straße führt zur nahe gelegenen Lifeboat Station. Sie wandern entlang des

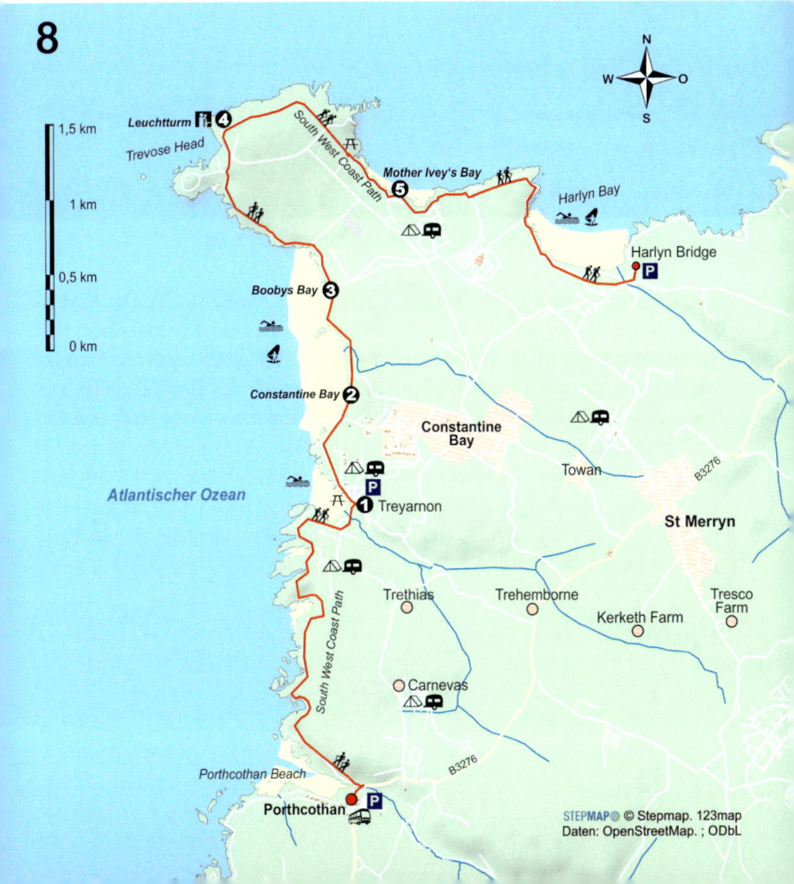

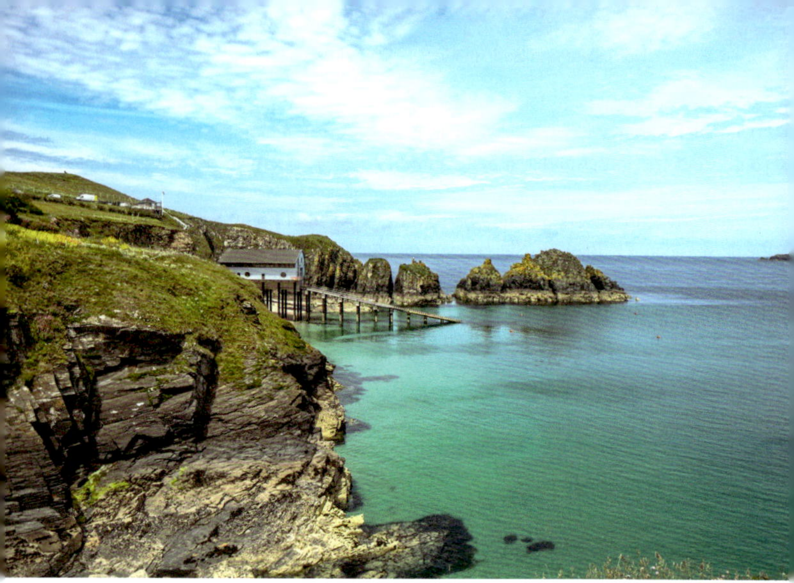

Die schön gelegene Lifeboat Station an Mother Ivey's Bay

Zaunes abwärts, bis Sie oberhalb von Mother Ivey's Bay ❺ stehen. Der Küstenpfad bringt Sie hier ganz kurz weg vom Strand zu einem Campingplatz. Hier gehen Sie ein paar Meter in Richtung Strand, um dann gleich wieder nach rechts abzubiegen. Sie wandern anschließend wieder oberhalb des Strandes weiter. Der Weg führt oberhalb der Klippen nach Osten. Am Cataclews Point biegt er scharf nach rechts ab und bringt Sie zur Harlyn Bay. Sie folgen dem Küstenpfad noch kurz oberhalb des Strandes, steigen dann aber nach links zum Sandstrand hinunter. Hier haben Sie die Möglichkeit zu baden und können sich an dem Kiosk nach der langen Wanderung stärken. Über den Strand wandern Sie zum **P** Parkplatz an der Harlyn Bridge.

9 Zu den Bedruthan Steps

Tour für Liebhaber von dramatischen Küstenszenerien

Einer Sage nach nutzte der Riese Bedruthan die Felsen als Treppenstufen, um seinen Weg abzukürzen. Vom Küstenpfad genießen Sie einen herrlichen Blick auf eine der eindrucksvollsten Naturschönheiten Cornwalls. Auf einer Treppe kann bei Ebbe in die Bucht abgestiegen werden.

Start/Ziel: National Trust Parkplatz Carnewas, GPS N 50°28.523' W 005°01.557'

7,2 km

2 Std. 30 Min.

241 m/241 m

10-88 m

Küstenpfad (gelbe Eichel) und Permissive Footpath

Café des National Trust am Parkplatz

Rastplätze finden Sie nach Park Head (km 3) und in der Nähe der Bucht Porth Mear (km 3,9).

Die Tour ist für Kinder ab ca. 8 Jahren geeignet. Allerdings sollten Sie dann auf die steile und rutschige Treppe zum Strand verzichten. Bleiben Sie im Bereich des Parkplatzes auf dem Weg, im Gras gibt es giftige Schlangen! Vorsicht auch an der steil abfallenden Klippe, vor allem bei starkem Wind.

Zu Beginn gibt es einige Stufen, danach ist der Weg größtenteils ein Pfad. Deshalb ist er für Buggys nicht geeignet.

Es handelt sich zum größten Teil um unbefestigte Wanderpfade, deshalb können Hunde gut mitgenommen werden. Leinen Sie Ihren Vierbeiner aber auf den Weiden an. Auch auf Hunde sollten Sie an der steil abfallenden Klippe gut achten.

P Carnewas Car Park vom National Trust

Der Parkplatz selbst ist mit dem Bus nicht erreichbar.

Vom P Carnewas Car Park ist es nicht mehr weit bis zu den Klippen. Ein einfacher Wanderweg bringt Sie hinüber. Hier genießen Sie einen ersten schönen Ausblick auf die Riesenfelsen im Wasser. Der gut angelegte Weg führt zu einer Aussichtsplattform (0,9 km) direkt über dem Strand.

Achtung, die Felsen stürzen senkrecht ins Meer. Die Absperrungen sind unbedingt einzuhalten.

Von hier können Sie auf 120 Stufen steil hinunter zum Strand steigen. Dies ist allerdings nur bei Ebbe empfehlenswert. Ansonsten endet der Abstieg schon deutlich weiter oben. Auf alle Fälle bestaunen Sie einen grandiosen Blick auf die riesigen Felsen der Bedruthan Steps ❶.

Von der Aussichtsplattform führt der Küstenpfad mit Blick auf die spektakuläre Szenerie hoch über den Felsen zu den flachen, weiten Wiesenflächen von Park Head ❷ (km 3). Die Wiesen laden zu einer gemütlichen Rast im Gras ein.

Nach der Pause biegen Sie nach rechts ab und folgen dem Küstenpfad bis zu einer Senke bei einem einmündenden Bach. Vorher kommen Sie an einem Rastplatz (km 3,9) vorbei. An der folgenden Wegverzweigung nehmen Sie den rechten Weg und wandern auf diesem in Richtung Pentire Farm. Durch ein schönes Feuchtgebiet und über einen kurzen Anstieg erreichen Sie die Farm ❸. Sie klettern über den Stile und wandern auf der Straße nach links bis zum P Park-Head-Parkplatz (km 4,9).

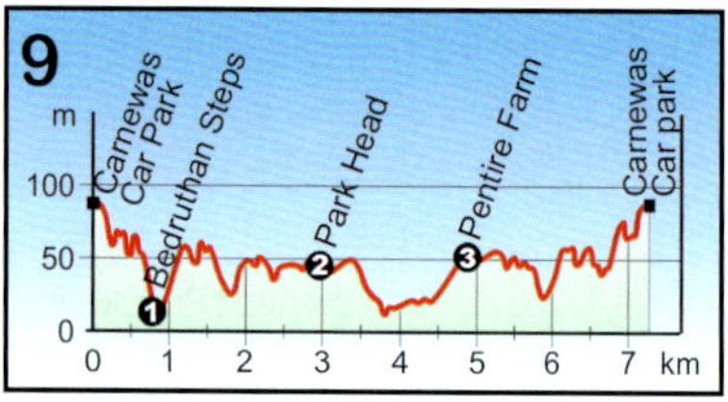

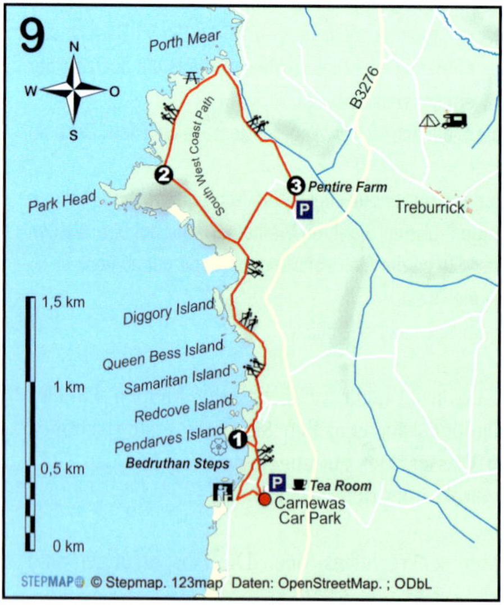

Hier gehen Sie nach rechts durch ein Gatter. Der folgende Weg bringt Sie zu einem weiteren Gatter. Auf der sich anschließenden Wiese wandern Sie am Zaun entlang, bis Sie auf den bereits vom Hinweg bekannten Küstenpfad treffen. Auf diesem laufen Sie zurück zum Carnewas Car Park. Sie können dabei wieder den Weg über die Aussichtsplattform bei den Bedruthan Steps nutzen oder etwas direkter zum P Parkplatz zurückspazieren.

Dort lädt Sie der kleine Tea Room des National Trust zur Einkehr ein.

☕ Tea Room Carnewas des National Trust, ☏ 00 44/(0)16 37/86 05 63,
💻 www.nationaltrust.org.uk/carnewas-at-bedruthan, 🚪 Mo-So 10:30-17:00

Die Ausblicke zu den Bedruthan Steps sind einfach traumhaft

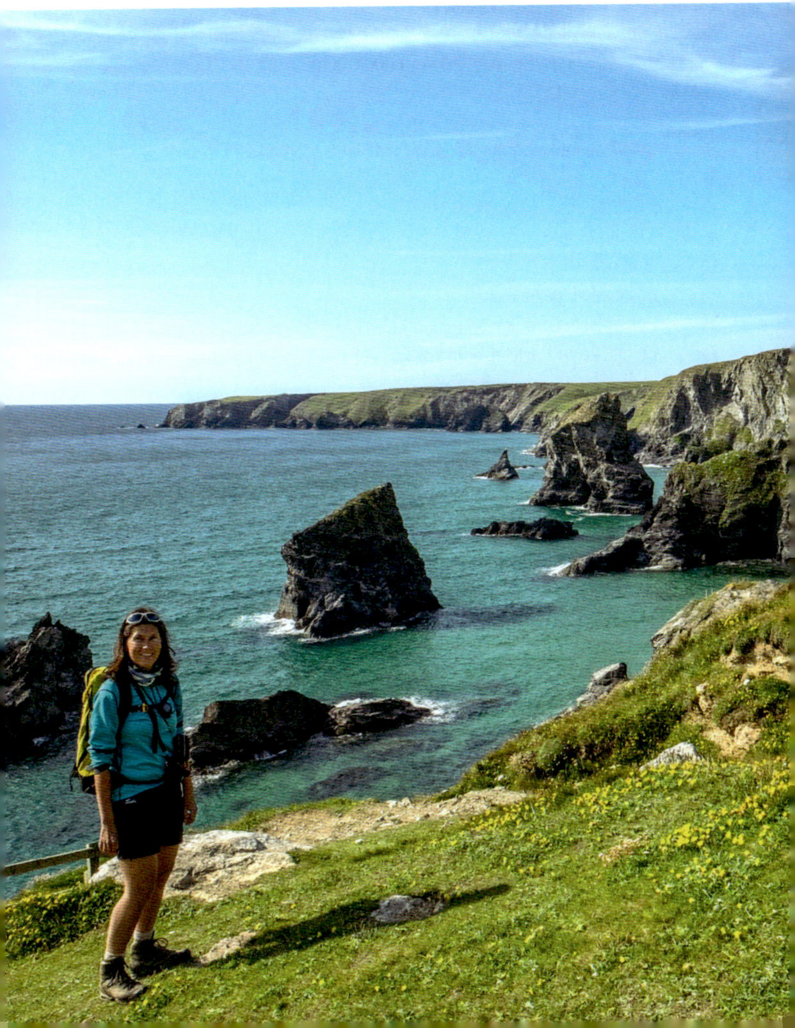

⑩ Godrevy Point und Hell's Mouth

Tour für Tierliebhaber

Die hier vorgestellte Wanderung ist eine kurze, einfache Tour, die vor allem durch die schöne Landschaft am Godrevy Point besticht. Höhepunkt ist die an der Küste lebende Robbenkolonie. Mit etwas Glück kann man die Tiere stundenlang im Wasser spielen sehen.

- Start/Ziel: Parkplatz am Godrevy Point, GPS N 50°14.221' W 005°23.579'
- 7,3 km
- 2 Std. 15 Min.
- 175 m/175 m
- 10-69 m
- Küstenpfad (gelbe Eichel)
- Hell's Mouth Café (km 3,7)
- Es gibt keine Rastplätze unterwegs, auf den Wiesen um Godrevy Point kann man aber schön Pause machen.
- Die Tour ist für Kinder ab ca. 8 Jahren geeignet. Besonders spannend ist die Beobachtung der Robbenkolonie.
- Die Wanderung führt im Mittelteil über schmale Pfade und ist daher mit Buggys nicht machbar.
- Der Weg selbst ist für Hunde gut geeignet, sie müssen aber teilweise an die Leine genommen werden. Allerdings sollte man mit Hund auf den Besuch des Aussichtspunkts an der Robbenkolonie verzichten, da Hundegebell die Tiere vertreiben könnte.
- P Parkplatz des National Trust bei Godrevy Point
- Der Parkplatz ist nicht mit dem Bus erreichbar.

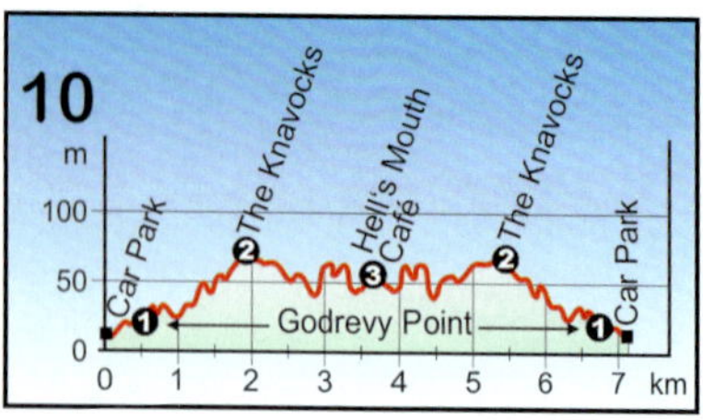

Vom P Parkplatz des National Trust bei Godrevy Point wandern Sie hinüber zu der kleinen Landspitze ❶. Von hier genießen Sie eine großartige Aussicht auf Godrevy Island mit dem Leuchtturm. Sehr schön ist auch der Blick hinüber nach St Ives.

Wenn Sie Glück haben, können Sie hier im Meer bereits Robben beim Spielen beobachten. Besonders am Morgen sind die Chancen sehr gut.

Sie wandern auf dem Küstenpfad weiter, bis Sie oberhalb von Mutton Cove stehen. Hier sehen Sie die Robbenkolonie am Strand liegen.

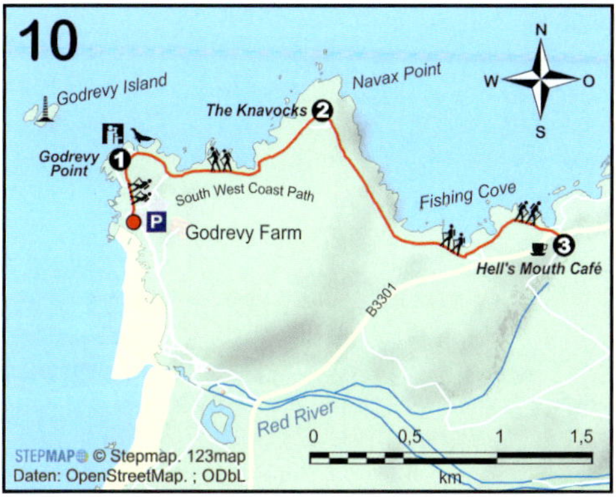

Unbedingt ruhig verhalten, um die Tiere nicht zu verschrecken.

Der Coast Path führt entlang eines Zaunes in östlicher Richtung weiter. Durch ein Gatter betreten Sie die Wiesen The Knavocks ❷. Sie gehen um die Landzunge von Navax Point. Hier biegt der Weg nach Süden ab und bringt Sie zu einem Stile. Sie klettern darüber und erreichen eine Weide mit grasenden Kühen; nach

An dieser Robbenkolonie führt die Wanderung vorbei

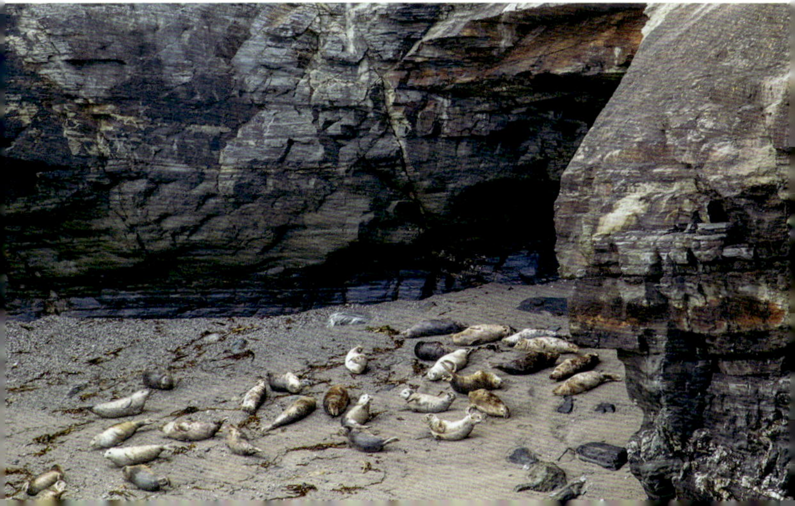

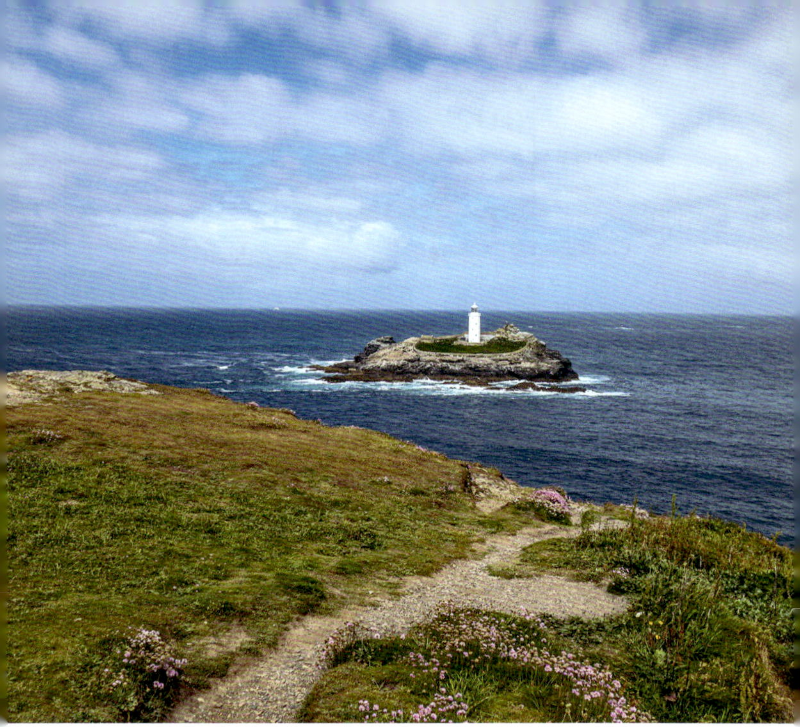

Der Leuchtturm auf Godrevy Island

der Wiese kommen Sie über einen weiteren Stile zu einer kleinen Straße. Auf der linken Seite befindet sich die Fishing Cove. Sie folgen dem Sträßchen bis zu ihrem Ende, biegen dort nach links ab und wandern entlang der Küste in östlicher Richtung bis Hell's Mouth. Sie gehen hinunter zur Straße, die Sie vorsichtig überqueren. Hier befindet sich das ☕ Hell's Mouth Café ❸.

☕ Hell's Mouth Café, Gwithian, Cornwall TR27 5EG, ☏ 00 44/(0)12 09/71 84 19, im Sommer 9:30-16:00

Auf dem Weg, auf dem Sie gekommen sind, spazieren Sie dann wieder zurück zum **P** Parkplatz am Godrevy Point.

11 Chapel Porth und St Agnes Beacon

Tour für Strandliebhaber und Gipfelstürmer

Die Wanderung führt von den Sandstränden bei Chapel Porth zum St Agnes Beacon, von dem Sie eine großartige Rundumsicht genießen. Auf dem Küstenpfad wandern Sie entlang der Felsenküste zum Towanroath Engine House, einem der meistfotografierten Motive in Cornwall.

Start/Ziel: National Trust Parkplatz Chapel Porth, GPS N 50°18.007' W 005°14.037'

8,1 km

2 Std. 45 Min.

240 m/240 m

13-182 m

Küstenpfad (gelbe Eichel), Public Footpath im Landesinneren (hier etwas Orientierungssinn erforderlich)

Einkehrmöglichkeit am Parkplatz im Café des National Trust

Bank beim Abstieg vom St Agnes Beacon (km 3,5), schöne Plätze für eine Pause am Küstenabschnitt

Die Tour ist nicht sonderlich schwer und auch nicht besonders lang. Daher ist sie für Kinder ab etwa 8 Jahren geeignet.

Der Weg ist sehr schmal, teilweise auch steil, daher für Buggys nicht zu empfehlen.

Der Weg ist für Hunde sehr gut geeignet. Auf den Weiden muss man sie allerdings an die Leine nehmen. Der Strand Chapel Porth ist von Ostern bis zum 30. September für Hunde gesperrt.

P Chapel-Porth-Parkplatz vom National Trust

Der Parkplatz ist mit dem Bus nicht erreichbar

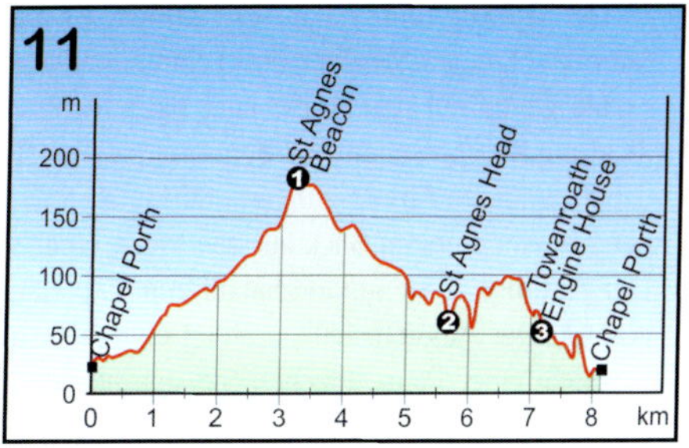

Am P National-Trust-Parkplatz Chapel Porth gehen Sie über eine Brücke und überqueren den kleinen Bach. Sie folgen dem Pfad ins Landesinnere in Richtung einer Minenruine. Der Weg taucht

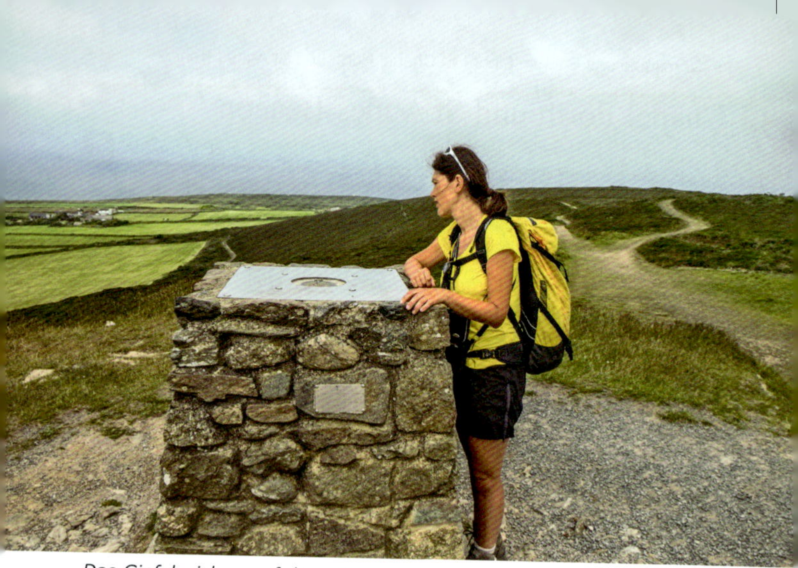

Das Gipfelzeichen auf dem St Agnes Beacon

in ein Wäldchen ein. Hier wenden Sie sich nach links auf eine Brücke. Sie erreichen einen breiteren Weg und biegen mit diesem nach rechts ab. Der Weg wird zu einem schmaleren Fußweg. Nach einem Gatter spazieren Sie am Waldrand entlang, bis Sie der Weg nach links schickt. Nach wenigen Metern biegen Sie auf einen breiteren Weg nach rechts ab, den Sie nach einem schönen Garten vor einer Garage verlassen.

✋ Achtung, hier befindet sich kein Wegweiser.

Der Fußweg führt hinaus zur Straße, ist aber häufig ziemlich zugewachsen. Alternativ können Sie über die rechts befindliche Wiese wandern.

Sie gehen auf der Straße kurz nach rechts, bis Sie links einen Wegweiser in Richtung Beacon sehen. Auf dem breiten Weg steigen Sie aufwärts und ignorieren dabei sämtliche Abzweigungen und Einfahrten. Nach den letzten Häusern genießen Sie einen ersten Blick auf das Meer. Über sich sehen Sie bereits den Gipfel. Der Pfad bringt Sie gerade hinauf zum Gipfelzeichen auf dem St Agnes Beacon ❶. Der Aussichtsbalkon bietet eine fantastische Aussicht auf das Meer.

Nach einer Pause machen Sie sich an den Abstieg. Vom Gipfel nehmen Sie den linken Steig, der Sie zu einer schön gelegenen Bank bringt. Nach einer weiteren kleinen Pause auf der Bank wandern Sie hinunter zur Straße und biegen auf sie nach rechts ein. Auf Höhe einer Bank, die auf der rechten Straßenseite steht, zweigt nach links ein rauer Fahrweg ab. Auf diesem wandern Sie geradeaus hinunter in Richtung Meer, bis Sie auf den Küstenpfad treffen. Nach Erreichen des Küstenpfades wenden Sie sich nach links. Der Weg führt unter einer Lookout Station der Küstenwache hindurch zum St Agnes Head ❷. Es ist beeindruckend, die Felsenküste aus der Nähe zu sehen.

Hier dreht der Weg nach Süden ab. Bald schon gelangen Sie zu ein paar Ruinen aus der Bergbauzeit mit dem ⌘ Towanroath Engine House ❸. Dabei handelt es sich um das restaurierte Maschinenhaus der oberhalb gelegenen ehemaligen Kupfer- und Zinnminen. Es steht eindrucksvoll oberhalb des Meeres und ist aufgrund der malerischen Kulisse

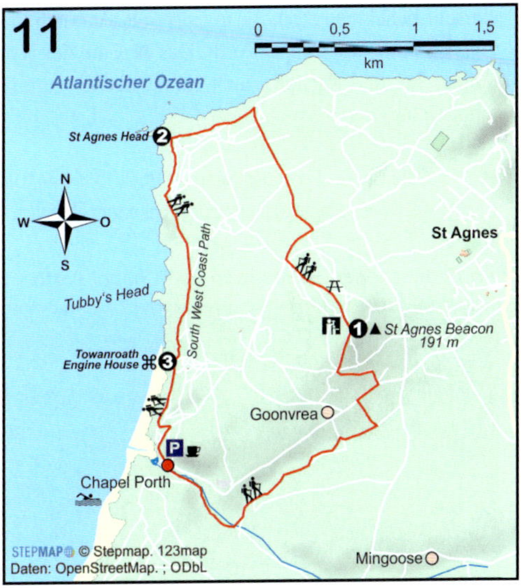

Das Towanroath Engine House

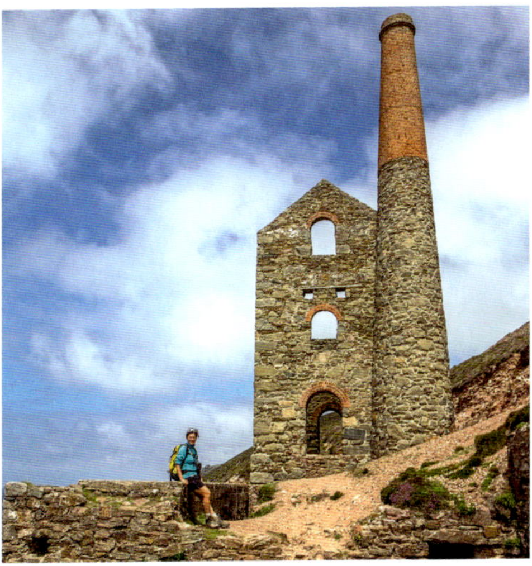

ein sehr beliebtes Fotomotiv in Cornwall. Auf dem Küstenpfad wandern Sie weiter zum P Parkplatz Chapel Porth. Das Café des National Trust verwöhnt Sie mit Kaffee, Tee und Kuchen. Auch ein Abstecher zum traumhaften Sandstrand lohnt sich.

Café Chapel Porth des National Trust, ☎ 00 44/(0)18 72/55 24 87, www.nationaltrust.org.uk/chapel-porth, täglich 10:00-17:00

An dem schönen Sandstrand von Chapel Porth

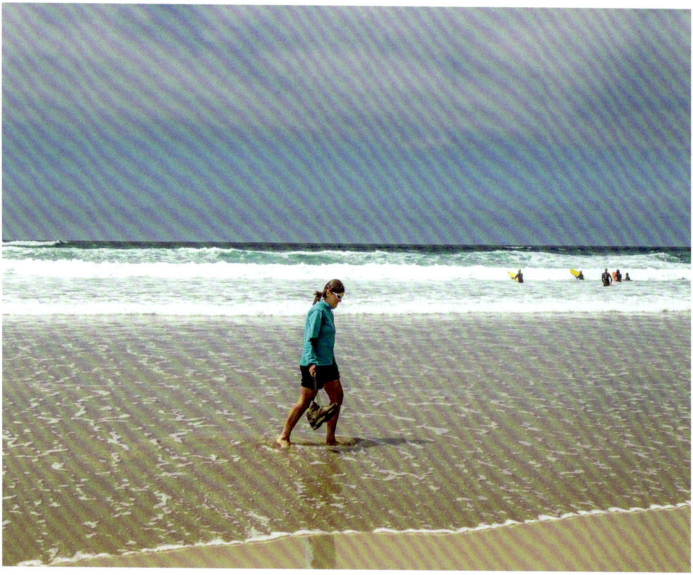

Cornish Mining World Heritage

Der Bereich um St Agnes gehört zum Cornish Mining World Heritage. Im Jahre 2006 wurde die Bergbaulandschaft Cornwalls und West Devons in die Weltkulturerbe-Liste der UNESCO aufgenommen. Weitere Regionen Cornwalls, die dazugehören, sind: St Just, Redruth und Camborne, Gwennap sowie Tregonning und Trewavas.

12 Portreath und der Tehidy Park

Tour für Waldliebhaber

Die Wanderung hat zwei völlig unterschiedliche Seiten. Von Portreath wandern Sie über den Küstenpfad an einer eindrucksvollen Steilküste entlang. Der Abschnitt durch den Tehidy Park ist eine gemütliche, einfache Wanderung durch ein schönes Erholungsgebiet.

- Start/Ziel: Eastern Lodge Tehidy Park in der Nähe von Portreath, GPS N 50°14.980' W 005°17.171'
- 12,4 km
- 4 Std.
- 301 m/301 m
- 6-90 m
- Küstenpfad (gelbe Eichel), im Tehidy Park ebenfalls gut ausgeschildert und markiert (Minentrail)
- Einkehrmöglichkeit in Portreath (km 2,3). Etwas abseits des Weges befindet sich das Tehidy Country Park Café (Abzweig nach km 10).
- Rastplätze am Küstenpfad an der Deadmans Cove (km 7,4)
- Bademöglichkeiten am Strand von Portreath (km 2,3)
- Die Tour ist aufgrund der Länge für Kinder ab ca. 12 Jahren geeignet. Sie kann aber ab der Basset's Cove verkürzt werden und ist dann auch für jüngere Kinder (ab etwa 8 Jahren) machbar. Der Minentrail durch den Tehidy Park bis nach Coombe ist ebenso für Kinder ab ca. 8 Jahren geeignet. Sehr interessant für kleine Mitwanderer ist die Feadom Farm, ein kleiner Zoo.
- Der Küstenabschnitt ist für Buggys nicht geeignet. Vom Parkplatz nach Portreath können Sie mit dem Buggy wandern, vor Porthreath ist ein Abschnitt allerdings etwas steiler. Der gesamte Weg im Tehidy Park ist für Buggys sehr gut geeignet.
- Sie können diesen Weg sehr gut mit Hunden gehen. Auf den Weiden sind sie aber anzuleinen. Der Strand von Portreath ist von Ostern bis zum 30. September von 7:00 bis 19:00 für Hunde gesperrt.
- P Parkplatz an der Eastern Lodge Tehidy Park
- mit der Buslinie 47 von Camborne (stündlich) zum Ausgangspunkt

Vom **P** Parkplatz an der Eastern Lodge Tehidy Park folgen Sie dem Minentrail in Richtung Portreath. Hierzu überqueren Sie vorsichtig die Straße und wandern auf dem bequemen Weg bis zu einer Anlage mit Ferienhäusern. Sie lassen sich weiterhin von der Ausschilderung des Minentrails leiten und umgehen die Ferienanlage. Nächster Wegpunkt ist die Feadon Farm ❶ mit ihrem kleinen Zoo, der vor allem Kinder begeistern wird. Sie dürfen sich nicht wundern, wenn Sie zum Beispiel plötzlich ein Rentier hinter dem Zaun begrüßt.

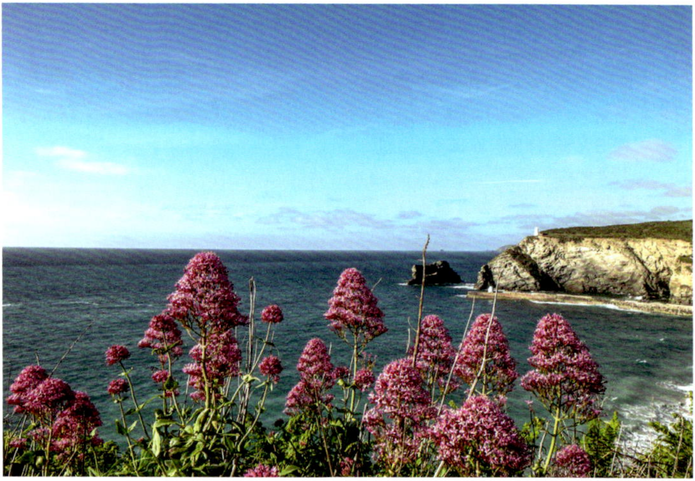

Blick auf die Bucht von Porthreath

Danach taucht der Weg in den Wald ein. Der nächste Abschnitt nach Portreath ❷ ist etwas steiler, aber mit etwas Vorsicht mit Buggys noch zu begehen.

Sie erreichen eine Straße, auf der Sie abwärts zu einer Querstraße gehen. Dort spazieren Sie nach links unter einem Bogen hindurch bis zu einer Brücke. Sie wechseln auf die andere Seite des Baches und wandern entlang der Straße zum Portreath Beach.

Hier folgen Sie dem Wegweiser „Coast Path“ nach links. Sie wandern auf der Straße aufwärts, bis Sie kurz vor einem weiteren, kleinen Strandabschnitt stehen. Jetzt durchqueren Sie auf dem Küstenpfad ein Gatter und steigen steil aufwärts nach Western Hill. Sie genießen eine prächtige Aussicht auf die fantastische Küste. Anschließend fällt der Weg steil zu Carvannel Downs ab, auf der gegenüberliegenden Seite führt der Küstenpfad gleich wieder steil bergauf. Oben angekommen wandern Sie weiter bis zur Basset's Cove ❸. Hier befindet sich auch ein

Parkplatz, von dem Sie nach links in den Tehidy Park gelangen könnten, um die Tour etwas abzukürzen.

Ansonsten gehen Sie geradeaus bis zur ⛼ Deadman's Cove ❹. Hier befindet sich ebenfalls ein kleiner Parkplatz. Sie wandern auf der Parkplatzzufahrt kurz zur Straße, überqueren diese vorsichtig und steigen über einen Stile auf die dahinterliegende Wiese.

Nach einem Gatter erreichen Sie eine weitere Wiese. Der Public Footpath bringt Sie zu einer Straße, auf der Sie nach links bis Coombe ❺ wandern. Sie folgen der Straße, bis vor einem Bach nach links ein Mining Trail in Richtung Portreath abzweigt. Dieser nimmt Sie mit in den Tehidy Park. Der Weg zieht sich geradeaus durch den Wald bis zu einer Kreuzung. Hier gehen Sie nach links

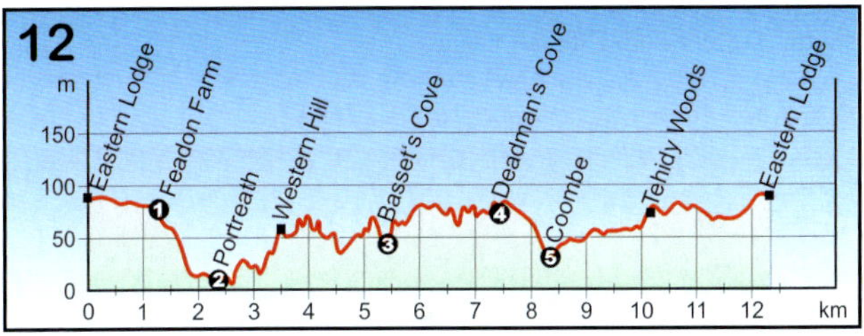

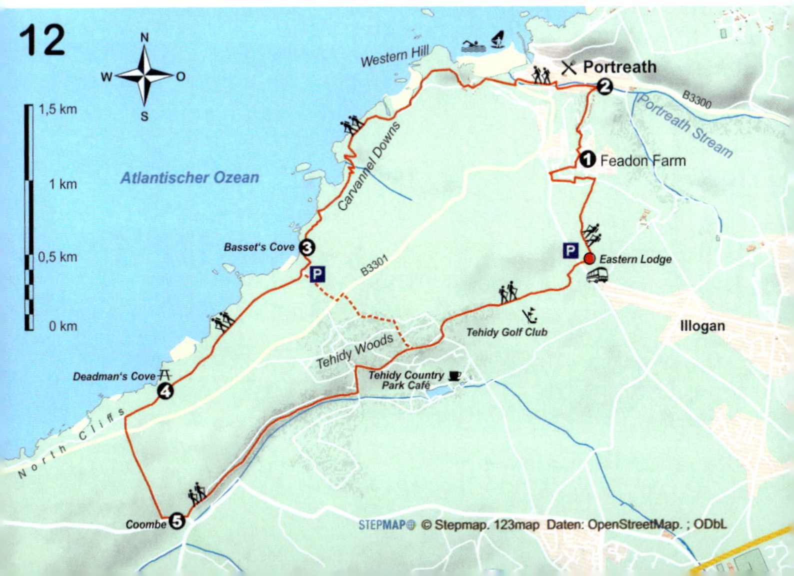

bergauf zu einer weiteren Kreuzung. Jetzt folgen Sie dem Weg nach rechts und kommen an ein privates Anwesen. Wenig später gelangen Sie zu einer weiteren Verzweigung, wo nach rechts ein Weg zu einem ☕ Café führt.

☕ Tehidy Country Park Cafe, ☏ 00 44/(0)12 09/61 00 94, 💻 www.cornwall.gov.uk (→ Environment and planning → Parks and open spaces → Tehidy Country Park), 🚪 täglich 10:00-16:30

Sie entscheiden sich aber für den geradeaus führenden Weg in Richtung Eastern Lodge. Sie erreichen eine weitere Wegverzweigung direkt bei einer Bank. Hier gehen Sie nach rechts und stehen vor einem Golfplatz. Sie wandern an diesem entlang, bis nach dem Ende des Zaunes ein Weg nach links zum P Parkplatz bei der Eastern Lodge führt.

Durch den Tehidy Wood wandern Sie zurück

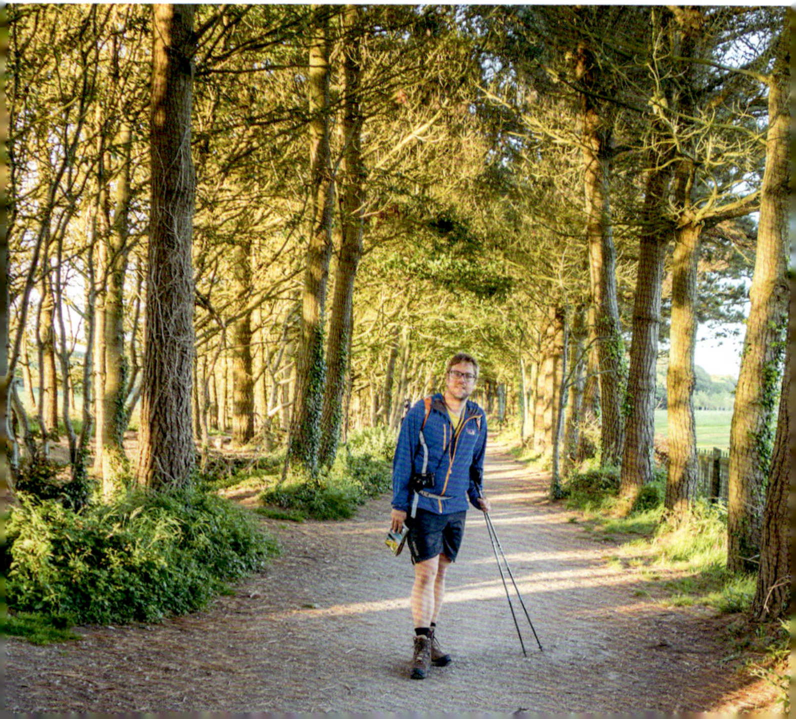

13 Rough Tor und Brown Willy

Tour für Gipfelstürmer

Der Brown Willy ist die höchste Erhebung Cornwalls. Um ihn zu besteigen, müssen Sie zuerst über den Rough Tor kraxeln. Die Strecke durch das Moor ist teilweise weglos, aber bei guter Sicht ohne Probleme zu finden. Bei Nebel sollten Sie die Wanderung nicht unternehmen. Vom Gipfel bietet sich dem Wanderer eine grandiose Aussicht bis zum Meer.

Start/Ziel: Rough-Tor-Parkplatz bei Camelford, GPS N 50°36.417' W 004°37.950'

9 km

3 Std. 15 Min.

312 m/312 m

245-420 m

Es gibt keine Markierungen, aber deutliche Steigspuren zum Rough Tor (km 2,3) und auf den Brown Willy (km 4,6). Die weglosen Abschnitte dazwischen erfordern Orientierungssinn und beim Abstieg vom Rough Tor etwas Trittsicherheit.

keine Einkehrmöglichkeit

Es gibt keine Rastplätze, aber auf den beiden Gipfeln können Sie schön Pause machen.

Die Tour ist zwar nicht sonderlich lang, durch das weglose Gelände allerdings erst für Kinder ab etwa 12 Jahren geeignet.

Es handelt sich um kleine Steige und wegloses Gelände, daher für Buggys nicht machbar.

Der Weg ist für Hunde gut geeignet. Im Moor sind Hunde allerdings generell anzuleinen.

P Rough-Tor-Parkplatz

Der Parkplatz ist mit dem Bus nicht erreichbar.

Vom P Rough Tor Car Park wandern Sie hinunter zum Bach und folgen dem gut sichtbaren Weg in Richtung Rough Tor und Showery Tor. Sie wandern auf den deutlich ausgeprägten Steigspuren gerade hinauf in den Sattel zwischen den beiden Gipfeln. Oben wenden Sie sich nach links und erreichen in wenigen Schritten den Gipfel des Showery Tor ❶. Auf der gegenüberliegenden Talseite sehen Sie erstmals den Brown Willy. Sie gehen zurück zum Sattel und wandern über den geradeaus führenden Grat ebenfalls auf deutlichen Steigspuren zum Little Rough

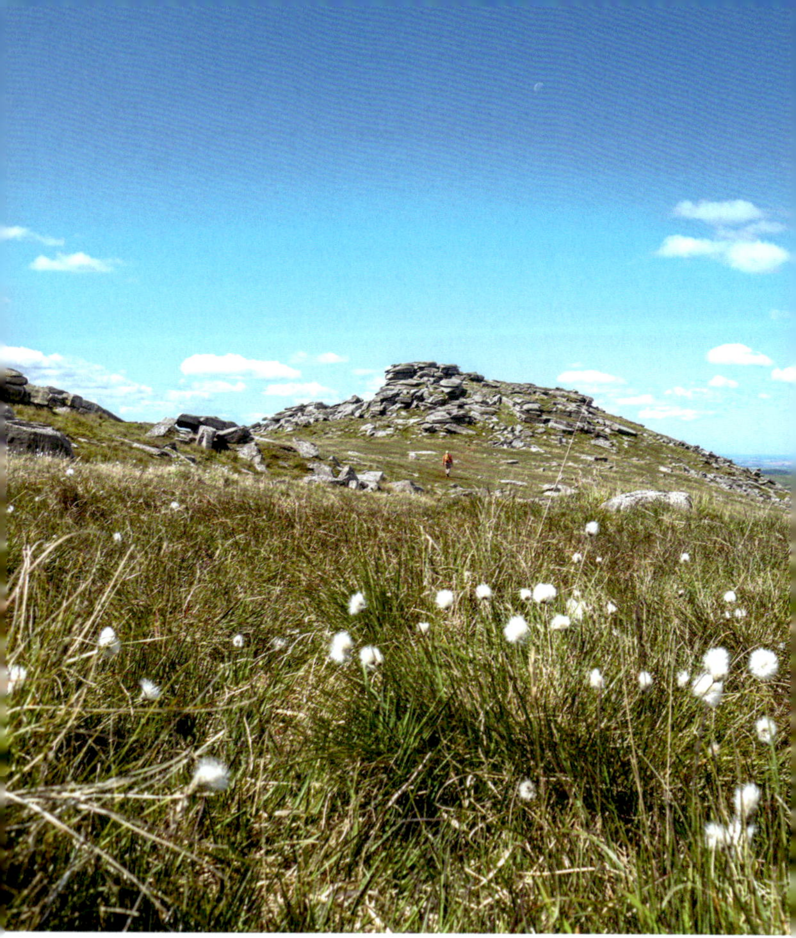

Auf dem Weg zum Rough Tor

Tor und weiter hinauf zum Rough Tor ❷ (km 2,3, ⇧ 400 m). Am Gipfel befindet sich eine Gedenkstätte. Nach einer kurzen Pause machen Sie sich an den Abstieg und wandern zurück bis kurz vor den Little Rough Tor. Hier zweigt nach rechts ein deutlich sichtbarer Steig ab. Er zieht sich links an einer kleinen Erhebung vorbei und wird dann ziemlich undeutlich. Sie steigen einfach weglos gerade abwärts zwischen den Felsblöcken hindurch, immer dort, wo es am einfachsten ist. Dabei peilen Sie einen deutlich sichtbaren Pfad an, der vom Showery Tor herabführt. Alternativ könnten Sie den Grat bis zum Showery Tor zurückgehen. Der Abstieg auf dieser Pfadspur ist etwas einfacher als die zuerst beschriebene Variante.

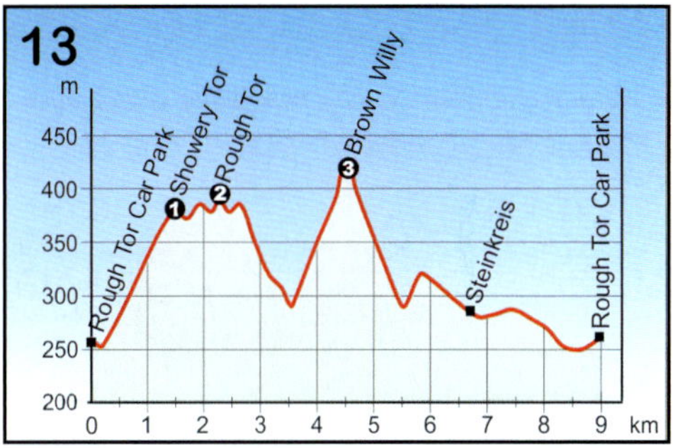

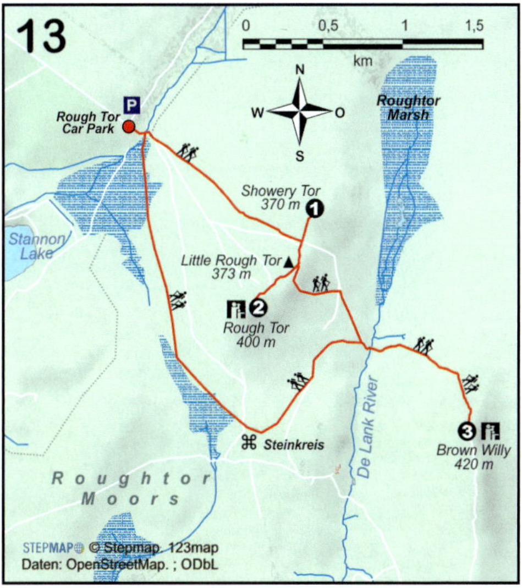

Sie gehen nun auf dem Pfad abwärts bis zum De Lank River, den Sie auf einer Brücke überqueren. Auf der anderen Bachseite steigen Sie über ein Gatter und folgen dem markierten Weg aufwärts in Richtung Brown Willy. Nach einem weiteren Gatter ist es nicht mehr weit bis zum Gipfel des Brown Willy ❸ (km 4,6, ⇧ 420 m) mit seiner Betonsäule als Gipfelzeichen.

Vom höchsten Punkt Cornwalls bietet sich Ihnen ein grandioser Ausblick auf das Bodmin Moor, bei klarer Sicht reicht Ihre Sicht bis zum Meer. Der Abstieg zurück zum De Lank River erfolgt auf dem Anstiegsweg. Anschließend wandern Sie kurz wieder auf der Spur in Richtung Showery Tor, entscheiden sich dann aber für die gerade aufwärts führende Spur am Zaun entlang. Dort, wo der Zaun nach links abbiegt, verlieren sich die Spuren. Sie halten sich einfach schräg links. Das Gelände ist bei guter Sicht sehr übersichtlich. Kurz vor einem Forstweg erreichen Sie einen ⌘ Steinkreis (km 6,7). Von hier sind es noch 2 km zum Rough Tor Car Park. Sie wandern einfach weglos querfeldein über das Moorgelände. Ohne richtigen Pfad erreichen Sie bei guter Sicht ohne größere Probleme den P Parkplatz.

Gemütliche, wenn auch etwas kalte Gipfelpause auf dem Brown Willy

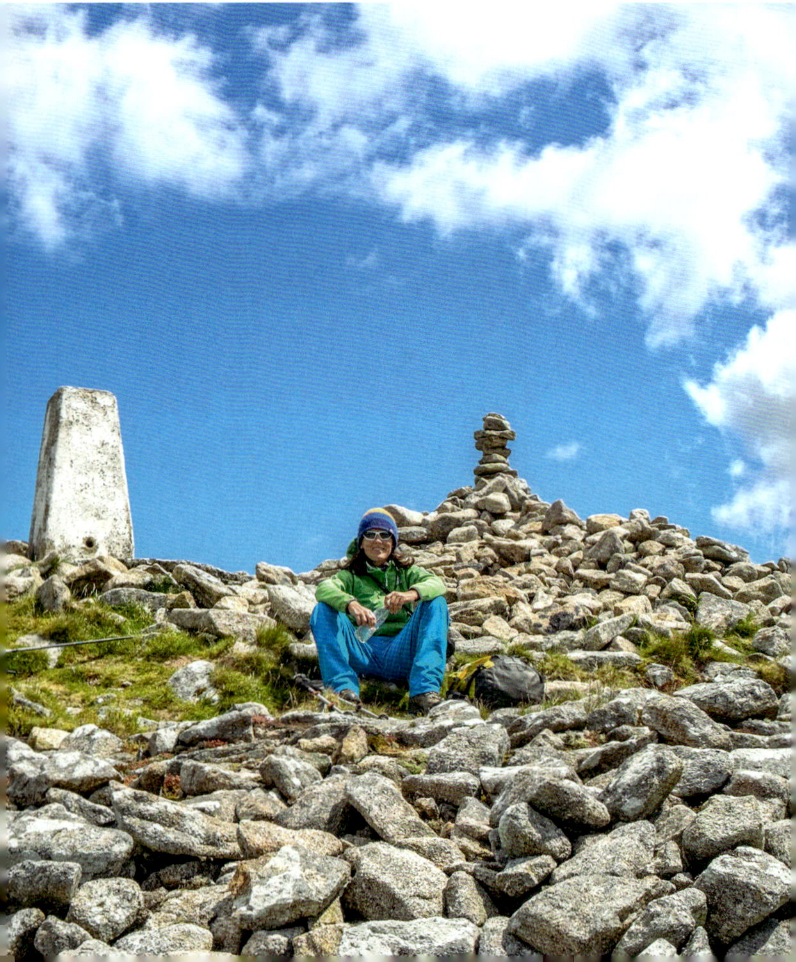

⓮ Gipfel-Hiking im Bodmin Moor

Tour für Gipfelstürmer

Der Cheesewring ist von Minions schnell erreicht. Gleich nach dem Parkplatz kommen Sie zu „The Hurlers", drei Steinkreisen. Sie besteigen auf gutem Steig den Cheesewring und wandern weglos über das Moor zum Sharp Tor. Danach folgen noch das Bearah Tor und als Höhepunkt das Kilmar Tor.

- Start/Ziel: Parkplatz in Minions, GPS N 50°30.834' W 004°27.365'
- 12,9 km
- 4 Std. 30 Min.
- 383 m/383 m
- 173-373 m
- gute Steigspuren zum Cheesewring, danach teilweise weglos über das Moor
- keine Einkehrmöglichkeit
- keine Rastplätze
- Die Tour ist relativ lang, am Kilmar Tor sind leichte Felsen zu überklettern. Daher ist die Tour nur für bergerfahrene Kinder ab ca. 12 Jahren geeignet.
- Es handelt sich um wegloses Gelände und schmale Pfade. Mit Buggy können Sie diesen Weg deshalb nicht wandern.
- Der Weg ist für Hunde gut geeignet. Im Moor sind Hunde anzuleinen. In den Felspassagen am Kilmar Tor ist etwas Vorsicht erforderlich, für größere Hunde ist dies aber gut machbar.
- P Parkplatz am Ortseingang von Minions auf der linken Seite
- Minions ist mit dem Bus nicht erreichbar.
- Für diese Tour sind gute Sichtverhältnisse erforderlich. Leichte Felskletterei am Kilmar Tor.

Vom **P** Parkplatz spazieren Sie zum nahen ⌘ Steinkreis The Hurlers ❶ und zu den daneben stehenden Pipers.

The Hurlers und Pipers

Bei The Hurlers handelt es sich um drei Steinkreise, die aus der frühen Bronzezeit stammen. Im Durchmesser unterscheiden sich die drei Steinkreise kaum (32, 42 und 33 m). Etwas entfernt finden Sie die Pipers. Die beiden stehenden Steine könnten Eingangssteine zu den Steinkreisen gewesen sein.

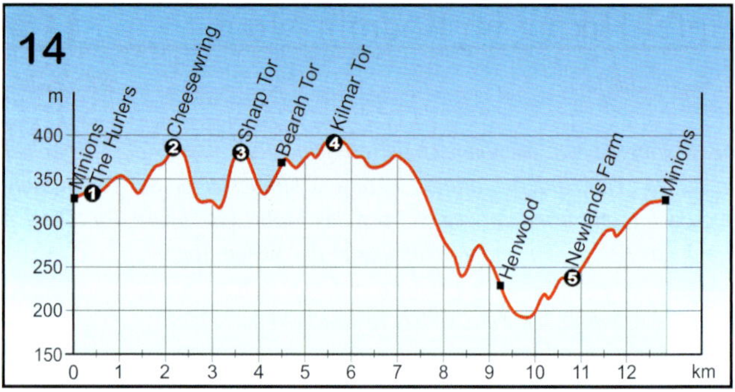

Nehmen Sie sich etwas Zeit für diesen verwunschenen Ort. Anschließend wandern Sie auf dem breiten Weg bis zu einer Dreier-Kreuzung. Hier entscheiden Sie sich für den rechten Weg, der in Richtung Cheesewring führt. An der Stelle, an der der Weg leicht nach rechts abknickt, gehen Sie auf einem Pfad nach links. Dieser biegt später nach rechts ab und führt hinauf zum Cheesewring ❷. Oben auf dem Gipfel genießen Sie eine sehr schöne Aussicht auf das Bodmin Moor.

Am Gipfelanstieg zum Cheesewring

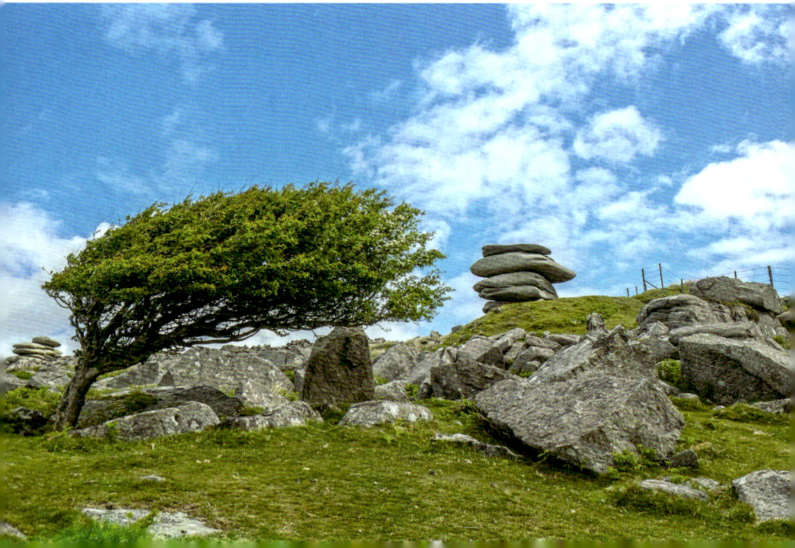

Vom Gipfelplateau bringt Sie ein schmaler Steig nach Norden. Sie kraxeln über das grobe Blockwerk und wandern immer geradeaus über freies Gelände in Richtung der Straße, die von Sharp Tor zur Wardbrook Farm führt. Der Weg verliert sich mit der Zeit, bei guter Sicht ist die Orientierung aber nicht schwierig. Von der gegenüberliegenden Seite mündet ein Pfad ein. An der Kreuzung steht ein grüner Pfosten, am Boden liegen die dazugehörigen Wegweiser. Sie folgen dem Wegweiser „Sharp Tor" zwischen Steinmauern hindurch. Am Ende eines Zaunes, bevor der Weg leicht abfällt, biegen Sie nach links ab und steigen am Zaun entlang bergauf. Sie kommen zum nahen Sharp Tor ❸. Der Gipfel selbst wird über einen kleinen Grat in wenigen Minuten erreicht. Von hier sehen Sie bereits den Bearah Tor und die Felsen vom Kilmar Tor. Sie gehen vom Sharp Tor geradeaus über freies Gelände weglos auf den Bearah Tor zu. Dabei peilen Sie die Gipfelfelsen links des Steinbruchs an.

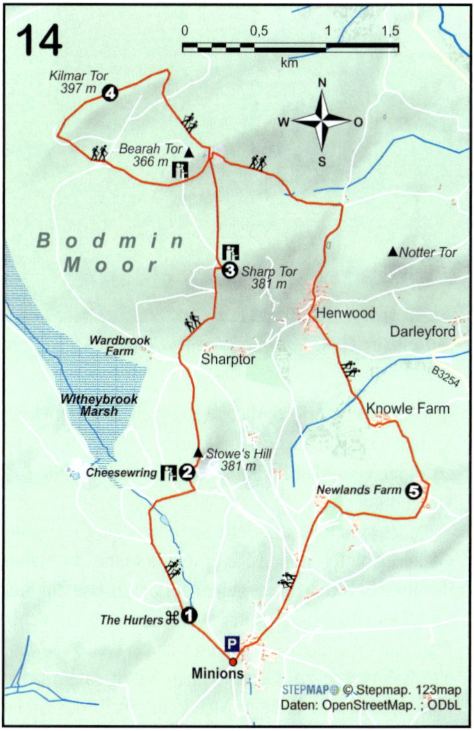

Nach einer kurzen Pause am Bearah Tor gehen Sie weiter in Richtung Kilmar Tor. Auch hier halten Sie sich in Richtung der Gipfelfelsen, ohne einen vorhandenen Weg zu benutzen. Zwischendurch überqueren Sie eine alte Bahntrasse und peilen den rechten Rand des Gipfelgrates an. Nun folgt die schöne Gratwanderung über den Gipfel des Kilmar Tor ❹. Sie wandern dabei auf einzelnen Steigspuren, teils auf, teils unter dem Grat. Dabei ist etwas Gespür für den

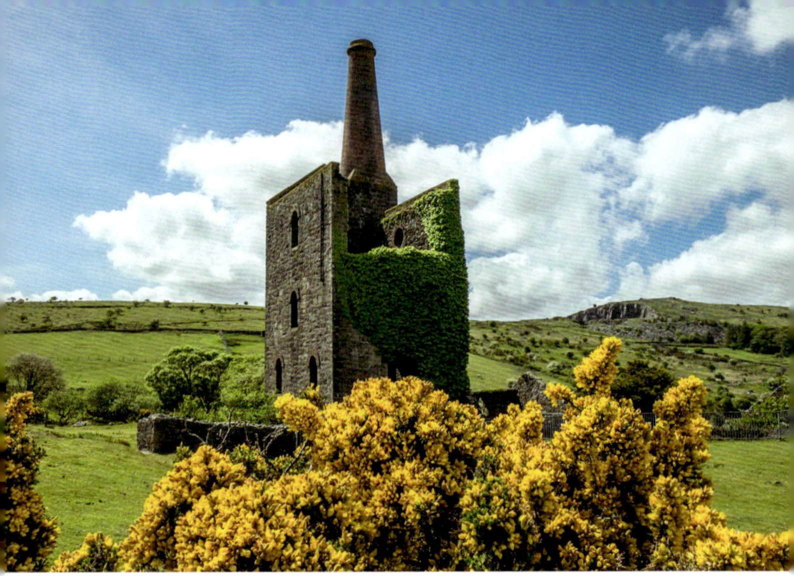

An dieser Mine kommen Sie auf dem Rückweg vorbei

richtigen Weg erforderlich, vereinzelt erfordern die leichten Felsen auch etwas Trittsicherheit. Der höchste Punkt wird von einem Betonpfeiler markiert und lädt zu einer gemütlichen Pause ein. Sie haben eine grandiose Aussicht auf die Umgebung.

Nach der Rast wandern Sie über den Grat weiter bis zu den letzten Felsen. Gleich dahinter stoßen Sie erneut auf eine alte Bahntrasse, Sie sehen sogar noch die alten Schwellen. Sie gehen auf der Trasse ein Stück nach links. Kurz nachdem sie einen Linksbogen gemacht hat, wenden Sie sich auf einen etwas undeutlichen Pfad nach rechts. Sie bewegen sich ein weiteres Mal direkt auf eine gut sichtbare, alte Bahntrasse zu. Dieser folgen Sie in einem Bogen unterhalb des Bearah Tor zum Steinbruch. Wenige Meter unterhalb des Steinbruchs kommen Sie an eine Forststraße, auf der Sie abwärts wandern. Bald erreichen Sie ein kleines Waldstück und eine Teerstraße. Auf dieser spazieren Sie nach rechts bis in das nette Örtchen Henwood.

An der Wegkreuzung bei einer Telefonzelle nehmen Sie die linke Straße in Richtung Darleyford/Upton Cross. Nach den letzten Häusern von Henwood macht sie eine Kurve nach links; hier zweigt nach rechts ein Public Footpath ab. Dieser überquert drei Felder, die immer wieder durch Zäune voneinander getrennt sind. Am Ende des letzten Feldes kraxeln Sie über den Zaun und gelangen in ein kleines Waldstück. Darin überqueren Sie einen Bach und betreten anschließend wieder ein Feld, über das Sie zu einem Gatter wandern. Nach dem Gatter erreichen Sie ein paar Gebäude. Sie folgen der hier ansetzenden Straße nach links, bis Sie nach dem letzten Gebäude ein gelber Pfeil nach rechts schickt. Auf der Schotterstraße gelangen Sie an ein paar Farmgebäude, an denen Sie vorbeigehen. An der nächsten Wegkreuzung wenden Sie sich nach rechts in Richtung Newlands Farm ❺. Hinter dem Haus führt der Footpath über Felder schräg rechts aufwärts. Sie durchqueren ein Gatter und kommen auf der anderen Seite an hölzerne Stufen. Diese steigen Sie nach links hinauf. Sie erreichen eine alte Ruine und wandern weiter zum benachbarten Engine House.

Bei Sonne können Sie sich im Gras neben der Mine niederlassen und eine gemütliche Pause genießen.

Anschließend lassen Sie sich von den weißen Pfeilen zu einem Schotterweg führen, der Sie hinaus zu einer Straße bringt. Auf dieser Straße schlendern Sie zurück nach Minions. Nach einem Spaziergang durch den Ort kommen Sie zurück zum Parkplatz.

Am Steinkreis The Hurlers

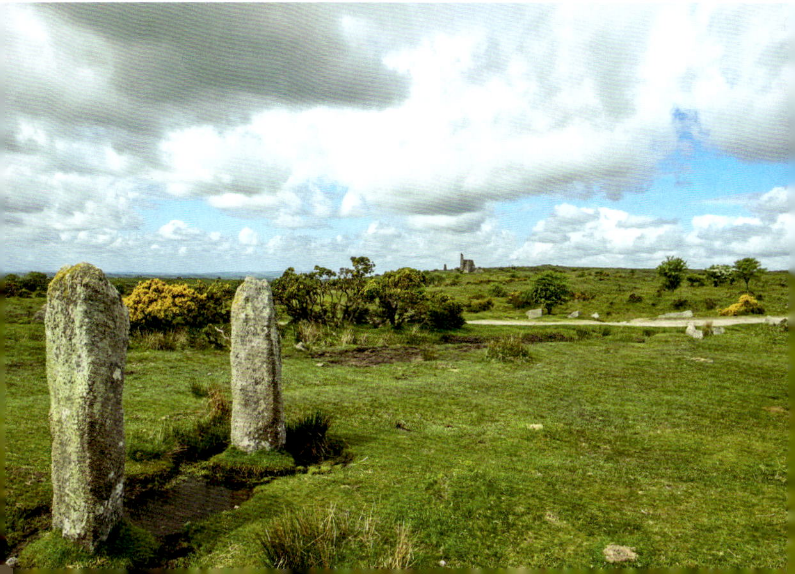

Penwith Peninsula

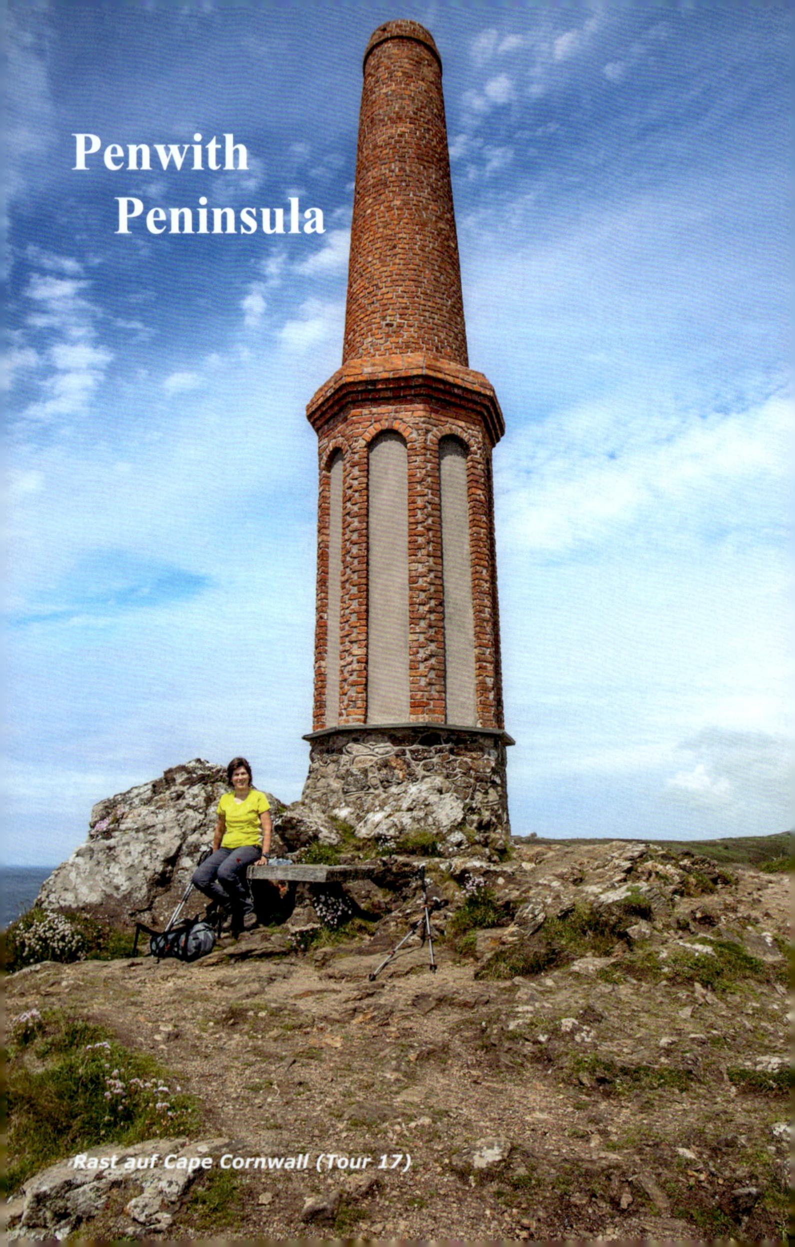

Rast auf Cape Cornwall (Tour 17)

⑮ Von Lelant nach St Ives

Tour für Spaziergänger

St Ives mit seinen schmalen, engen Gassen und den kleinen Häusern, die sich vom Hafen den Hügel hinaufziehen, übt im Sommer auf viele Touristen einen besonderen Reiz aus. Die Wanderung von Lelant nach St Ives ist ein netter kleiner Spaziergang.

→ Start: Lelant Saltings Station, GPS N 50°10.718' W 005°26.478';
Ziel: St Ives, GPS N 50°12.549' W 05°28.648'

6,1 km

2 Std.

↑↓ 122 m/109 m

⇧ 2-55 m

Küstenpfad

Porthminster Beach Café (km 5,7) und The Tearoom in St Ives (km 6,1)

keine Rastplätze unterwegs, Pause an einem der Cafés

Bademöglichkeiten bei Carbis Bay (km 4,2) und am Porthminster Beach (km 5,7)

Die Tour ist für Kinder ab ca. 8 Jahren geeignet.

Die Wanderung führt im Mittelteil über schmale Pfade und ist daher mit Buggys nicht begehbar. Man könnte lediglich von Lelant bis zur Church of St Uny & St Anta wandern, dann verpassen Sie aber den schönsten Abschnitt.

Der Weg ist für Hunde gut geeignet, sie müssen aber teilweise an die Leine genommen werden. Der Strand von Carbis Bay ist vom Sonntag vor Ostern bis zum 30. September von 8:00 bis 17:00 für Hunde gesperrt. Porth Kidney Sands darf mit Hunden betreten werden. Am Porthminster Beach bei St. Ives sind Hunde vom Sonntag vor Ostern bis 30. September ebenfalls verboten.

P Parken auf einem der gebührenpflichtigen Parkplätze in St Ives

St Ives ist sehr gut mit einer der vielen Buslinien aus allen Richtungen oder mit dem Zug erreichbar. Von hier fahren Sie auch mit dem Zug zum Startpunkt.

Von der Haltestelle Lelant Saltings gehen Sie kurz nach links und folgen dann der Straße The Saltings nach rechts. Diese führt Sie an der Haltestelle Lelant vorbei und biegt bald nach links ab. Sie wandern den Berg hinauf und kommen zu einer Kreuzung, wo Sie nach rechts zur nahen ✝ Kirche St Uny

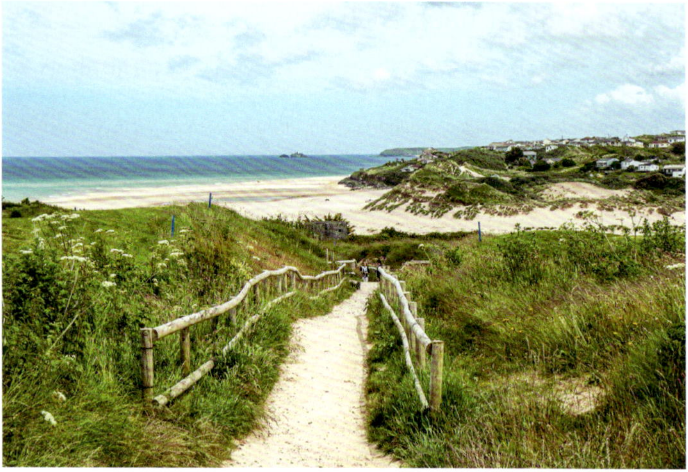

Am Beginn der Wanderung gehen Sie auf die Bucht von Lelant zu

und St Anta gehen. Der Pfad führt Sie links an der Kirche vorbei zu einem Golfplatz, den Sie kurz überqueren.

Achtung vor herumfliegenden Golfbällen!

Auf dem Pfad wandern Sie unter einer Eisenbahnbrücke hindurch. Gleich danach zweigt der Küstenpfad nach links ab und bringt Sie über die Dünen von Porth Kidney mit schöner Aussicht auf St Ives Bay und den Hayle River nach Westen. Der Weg verläuft parallel zur Eisenbahnlinie bis kurz vor Carbis Bay. Dann biegt er nach rechts ab und führt durch Wald um die Landspitze Carrack Gladden ❶ herum. Sie spazieren nun den grasigen, aussichtsreichen Pfad entlang, bis Sie am Strand von Carbis Bay ❷ ankommen. Hier gibt es neben dem großen Hotel am Strand ein kleines Café, allerdings empfiehlt es sich, die Wanderung noch bis St Ives fortzusetzen und dort in einer der empfohlenen Einkehrmöglichkeiten Rast zu machen. Am Strand von Carbis Bay besteht zudem die Möglichkeit zu baden.

Sie gehen um das Hotel herum und wandern danach nach links bergauf zu einer Brücke, auf der Sie die Bahngleise überqueren. Sie folgen dem Pfad, der Sie zu einer Straße bringt. An einer Straßenverzweigung wandern Sie geradeaus weiter, am Baulking House vorbei. Sie überqueren wiederum die Gleise und steigen anschließend steil hinunter zum Porthminster Beach. Hier empfiehlt sich eine Einkehr im beliebten Porthminster Beach Café ❸.

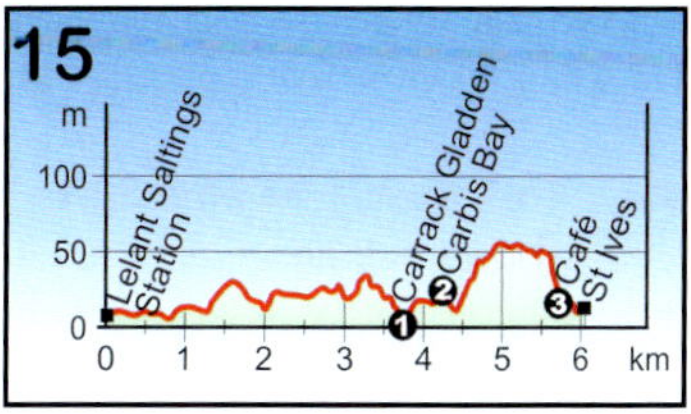

Porthminster Beach Café, Porthminster Beach, St Ives, Cornwall TR26 2EB, ☏ 00 44/(0)17 36/79 53 52, www.porthminstercafe.co.uk, täglich 9:00-21:30

Unweit des Cafés befindet sich die Zughaltestelle von St Ives.

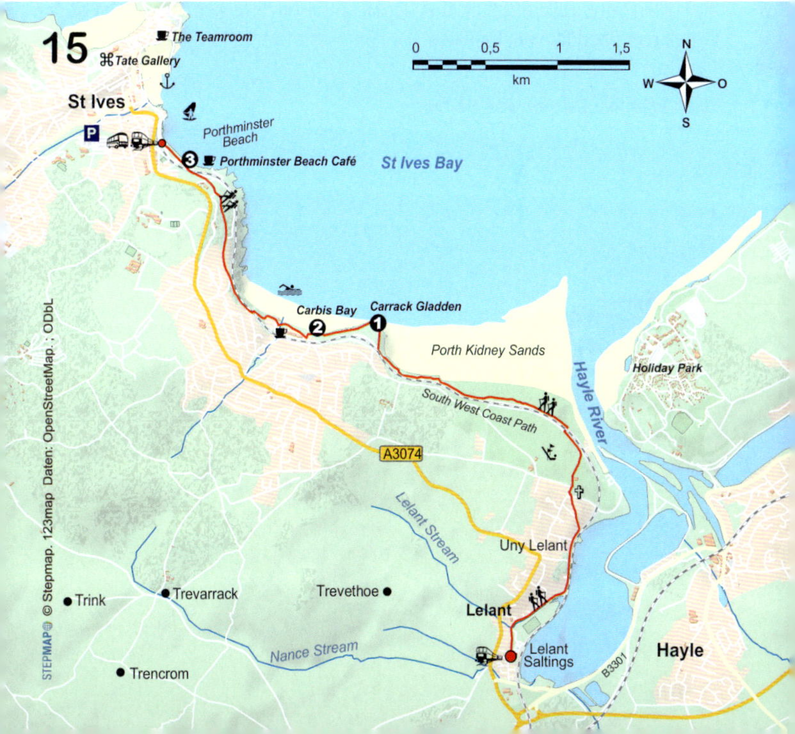

Alternativ können Sie noch ein Stück weiter zum Hafen von St Ives spazieren. Ein sehr schöner Einkehrtipp ist hier ☕ The Tearoom.

☕ The Tearoom, 1 The Wharf, St Ives, TR26 1PG, ☏ 00 44/(0)17 36/79 43 25, täglich ab 9:30

St Ives

St Ives, das nach der cornischen Heiligen Ia benannt wurde, ist eine der attraktivsten Städte Cornwalls. Schöne Sandstrände, eine großartige Lage, subtropische Vegetation und das Flair einer Künstlerstadt sind ihre Attribute. Der Ort war lange Jahre das Zentrum der Sardinenfischerei. Als sich die Sardinenschwärme einen anderen Weg suchten, schwand der Reichtum. Im Nachgang entwickelte sich St Ives zu einer der bedeutendsten englischen Künstlerkolonien. Hinzu kam der Fremdenverkehr, der durch die Anbindung an die Eisenbahn begünstigt wurde. Sie sollten St Ives allerdings nicht in der Hauptsaison besuchen, denn dann ist der Ort extrem überfüllt von Touristen.

Blick über die Dächer von St Ives

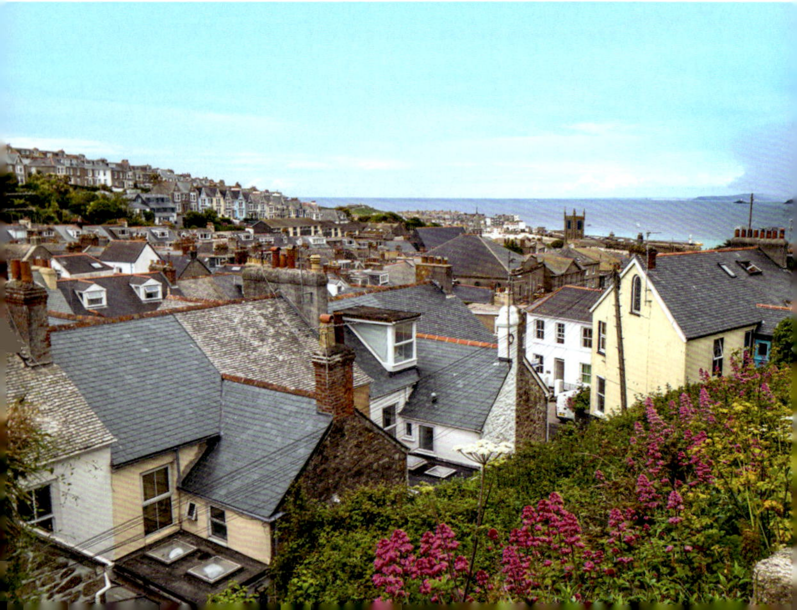

16 Auf dem Tinners Way bei Zennor

Tour auf historischen Pfaden

Der Tinners Way führt von St Ives nach St Just. Seine Ursprünge liegen in der Bronzezeit, als noch große Teile Cornwalls bewaldet waren. Sie begehen einen Abschnitt von Zennor in Richtung St Ives. Der Rückweg verläuft aussichtsreich entlang der Küste.

- Start/Ziel: Zennor, GPS N 50°11.464' W 005°34.083'
- 11 km
- 3 Std. 45 Min.
- 324 m/324 m
- 10-129 m
- Küstenpfad (gelbe Eichel), Public Footpath im Landesinneren, dort etwas Orientierungssinn erforderlich
- The Tinners Arms in Zennor
- keine Rastplätze auf der Tour, aber schöne Rastmöglichkeiten am Küstenabschnitt
- Die Tour ist etwas länger und damit erst für Kinder ab etwa 10 Jahren geeignet.
- Die Wanderung verläuft auf schmalen Pfaden und ist daher für Buggys nicht zu empfehlen.
- Der Weg ist für Hunde geeignet, auch die Mauern zu Beginn der Wanderung stellen für größere Hunde kein Problem dar. Kleinere Hunde muss man gegebenenfalls hinüberheben. Auf den Weiden müssen Hunde angeleint werden.
- P Parkplatz in Zennor
- mit dem Bus Nr. 16A von Penzance (am Morgen) oder mit der Linie A3 von St Ives (dreimal am Tag) nach Zennor

Vom P Parkplatz in Zennor wandern Sie zu der kleinen Kirche. Links daneben beginnt diese Tour. Über eine kleine Mauer betreten Sie eine Wiese und gehen über die Wiesen in nordöstliche Richtung. Dabei werden weitere kleine Steinmauern überklettert. Teilweise ist der Pfad etwas schwer zu erkennen, sodass Achtsamkeit gefragt ist.

Sie passieren die Tremedda Farm ❶ und wandern weiter in Richtung des nächsten Farmgebäudes. Entlang der Telefonleitung spazieren Sie an ein paar Cottages vorbei. Ihr nächstes Ziel ist die Wicca Farm. Durch ein Gatter betreten Sie das Gelände der Farm. Sie folgen dem Weg nach rechts und erreichen die

Boscubben Farm. Gleich danach nehmen Sie den Feldweg nach links und wandern über die Wiesen weiter bis zur Trendrine Farm.

Über Wiesen gehen Sie auf nun deutlicherem Weg nach **Trevega** ❷. Hier biegen Sie nach links ab und folgen der Straße in Richtung Trevega Wartha. Kurz vor den Häusern beginnt auf der linken Seite ein Public Bridleway. Auf diesem Weg, der teilweise leider etwas zugewachsen ist, wandern Sie in Richtung Küste. Einen quer verlaufenden Weg ignorieren Sie und gehen geradeaus weiter, bis Sie am Trevega Cliff ❸ auf den Küstenpfad treffen. Nun folgt der aussichtsreiche Abschnitt an der Küste entlang.

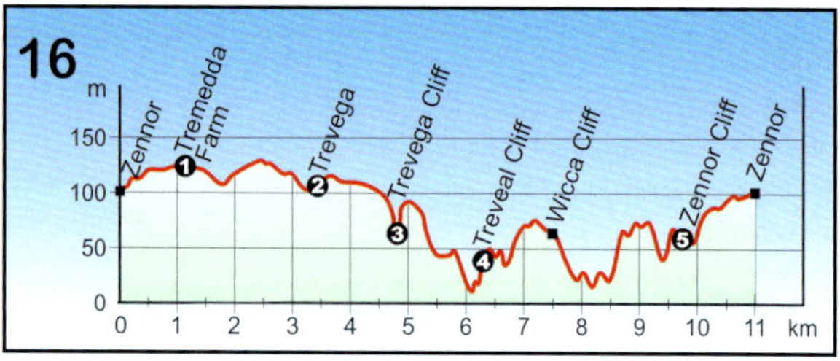

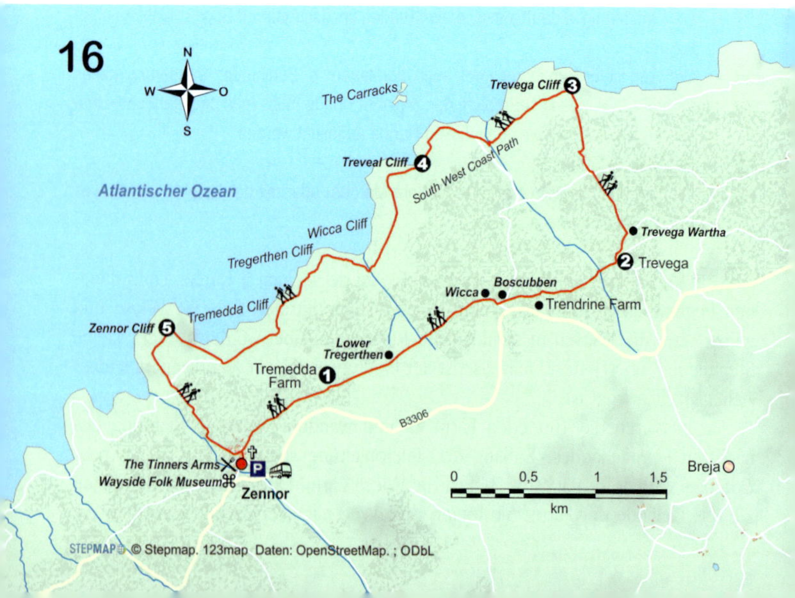

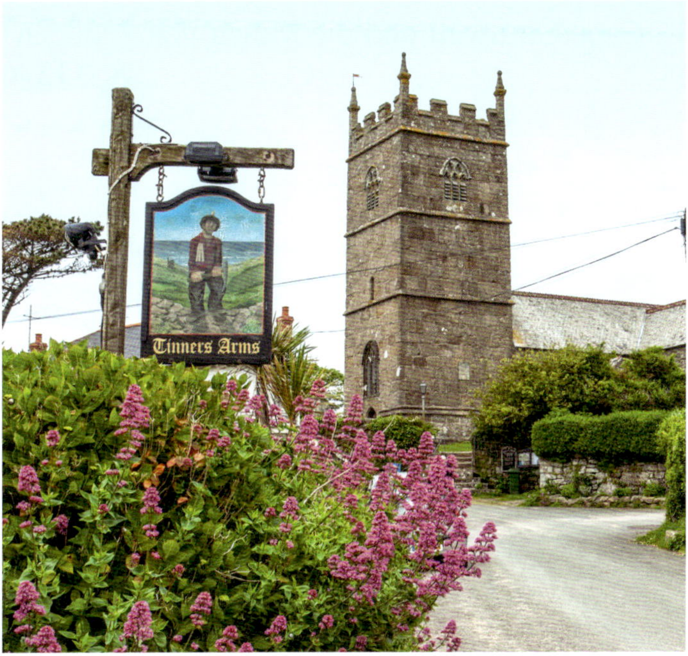

Zennor – Ausgangs- und Endpunkt der Wanderung

Nachdem Sie einen kleinen Fluss überquert haben, erblicken Sie im Meer The Carracks, zwei Inseln. Immer wieder bieten sich schöne Rastplätze an, von denen Sie die traumhafte Natur ausgiebig bewundern können. Die nächsten Ziele sind Treveal Cliff ❹, Wicca Cliff, Tregerthen Cliff und Tremedda Cliff. Schließlich erreichen Sie das letzte Kliff, Zennor Cliff ❺. Von der Halbinsel knickt der Weg nach links ab und bringt Sie wieder zurück nach Zennor. In Zennor lohnt sich noch eine Einkehr im ✕ The Tinners Arms.

✕ The Tinners Arms, Zennor, St Ives TR26 3BY, ☏ 00 44/(0)17 36/79 69 27, www.tinnersarms.com, Mo-Sa 11:30-23:00, So 12:00-22:30

17 Cape Cornwall und die Minen von Pendeen

Tour für geschichtlich Interessierte

Die Nordküste Cornwalls war eine der aktivsten Bergbauregionen Englands. Heute stehen im Wesentlichen nur noch Ruinen aus dieser Zeit. In Pendeen kann man zwei Minen besichtigen. Ein weiterer Höhepunkt der Wanderung ist Cape Cornwall.

Start/Ziel: St Just, GPS N 50°7.415' W 005°40.890'

15,4 km

5 Std.

386 m/386 m

8-201 m

Küstenpfad (gelbe Eichel), Public Footpath und Public Bridleway, im Moor kurzzeitig keine Markierung

Einkehrmöglichkeiten in St Just sowie an der Geevor Tin Mine (km 6,1)

Rastplätze an der Levant Mine (km 7,4), Bank am Cape Cornwall (km 11,7), Rastplatz nach Cape Cornwall (km 12,9)

Die Tour ist zwar nicht besonders schwer, aber ziemlich lang, daher erst für Kinder ab etwa 12 Jahren geeignet. Spannend ist besonders die Besichtigung der beiden Minen.

Die Tour verläuft auf schmalen Pfaden und ist daher mit Buggy nicht machbar.

Der Weg ist für Hunde geeignet, sie müssen aber auf der Weide angeleint werden.

P Parkplatz in der Ortsmitte von St Just

mit dem Bus Nr. S3 von St Ives (dreimal täglich) oder mit der Linie 409 von Penzance (mehrmals täglich) nach St Just

Sie wandern vom P Parkplatz auf der Market Street in die Ortsmitte und gehen am Kings Arms vorbei zur ✝ Kirche. Hier beginnt ein Footpath, den Sie aber ignorieren. Stattdessen nehmen Sie den schmalen Teerweg zwischen zwei Mauern ortsauswärts. Sie überqueren eine Straße und wandern entlang einer Hecke bergauf nach Bosvargus ❶. Biegen Sie dann nach links in Richtung Tregeseal ab. An einer Kreuzung steigen Sie auf der gegenüberliegenden Seite steil bergauf. Am folgenden Wegkreuz nehmen Sie den linken Querweg, von dem Sie

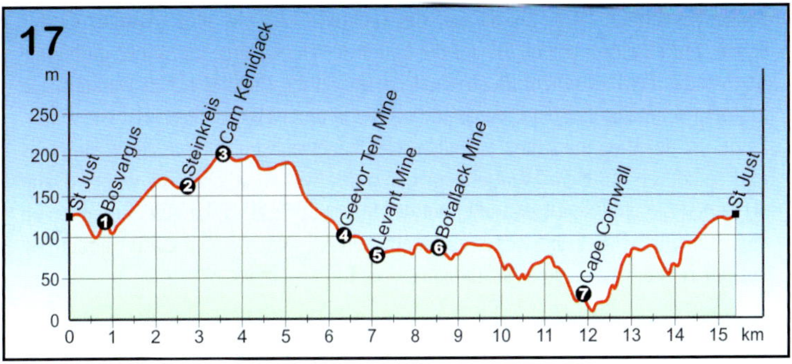
17
m
250
200
150
100
50
0
St Just
Bosvargus
Steinkreis
Carn Kenidjack
Geevor Ten Mine
Levant Mine
Botallack Mine
Cape Cornwall
St Just
0 1 2 3 4 5 6 7 8 9 10 11 12 13 14 15 km

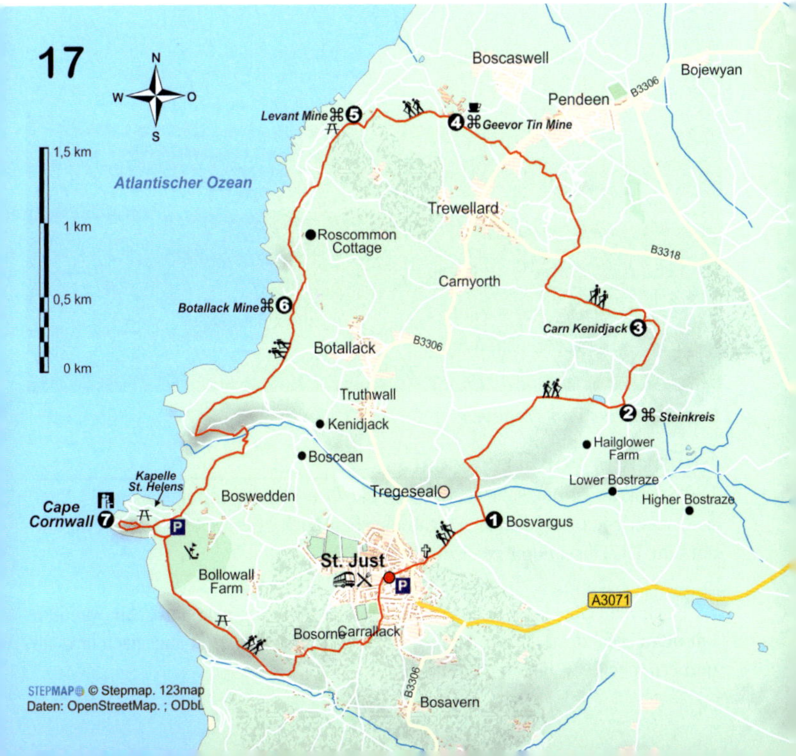
17
N
W
O
S
1,5 km
1 km
0,5 km
0 km
Atlantischer Ozean
Boscaswell
Bojewyan
Pendeen
B3306
Levant Mine 5
4 Geevor Tin Mine
Trewellard
Roscommon Cottage
B3318
Carnyorth
Botallack Mine 6
Carn Kenidjack 3
Botallack
B3306
Truthwall
2 Steinkreis
Kenidjack
Hailglower Farm
Boscean
Lower Bostraze
Kapelle St. Helens
Tregeseal
Higher Bostraze
Cape Cornwall 7
Boswedden
1 Bosvargus
St. Just
Bollowall Farm
A3071
Bosorne
Carrallack
B3306
Bosavern
STEPMAP © Stepmap. 123map
Daten: OpenStreetMap. ; ODbL

vor dem letzten Haus in einen Fahrweg nach links abbiegen. Sie wandern auf dem heckengesäumten Weg, bis Sie auf der rechten Seite ein altes, rostiges Gatter sehen. Durch dieses gehen Sie auf die hinter der Hecke liegende Wiese und überqueren das Feld zu einem Pfosten mit einem gelben Pfeil. Von hier wandern Sie auf dem schmalen Fußpfad, der beiderseits von einer Hecke eingefasst ist, weiter. Leider ist der Weg manchmal ziemlich stark zugewachsen. Sie passieren ein Haus und spazieren auf dem Wanderweg, der nun etwas deutlicher ist, weiter. Dann erreichen Sie eine Schotterstraße, auf der Sie nach rechts abbiegen. Sie gehen an einer Einfahrt vorbei und weiter zu einem Tümpel. Nach einem Gatter finden Sie auf der rechten Seite den ⌘ Steinkreis von Tregeseal ❷.

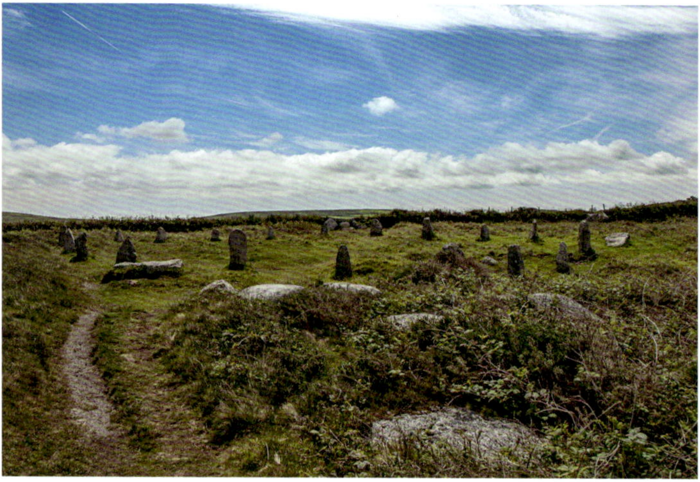

Der Steinkreis von Tregeseal

Steinkreis von Tregeseal

Der Steinkreis ist ungefähr 4.000 Jahre alt. Er bestand ursprünglich aus 21 Steinen, von denen zwei fehlen. Es gab daneben noch zwei weitere Steinkreise, die aber im 19. Jahrhundert zerstört wurden.

Nach dem Steinkreis nehmen Sie den nächsten Weg nach links. Sie wandern um den Gipfel des Carn Kenidjack ❸ herum, biegen dann aber nach links ab und erreichen von hinten den Gipfel.

Nach einer Rast auf dem kleinen Gipfel im Moor wandern Sie zu dem großen Sendemast. Sie gehen an diesem vorbei und gelangen wenig später zu einem Querweg bei einer Mauer. Diesem folgen Sie nach rechts zu ein paar Häusern und einer Straße. Auf die Straße biegen Sie nach rechts ein und bleiben auf ihr, bis auf der linken Seite ein Public Bridleway abzweigt. Sie gehen auf diesem breiten Weg bergab zur Straße bei Pendeen. Die Straße überqueren Sie und wandern geradeaus bis zum Parkplatz der ⌘ Geevor Tin Mine ❹. Bei der Mine gibt es auch ein ☕ Café und ein Museum. Wenn Sie genügend Zeit mitbringen, lohnt sich ein Besuch der Mine.

Geevor Tin Mine

Die Geevor Tin Mine ist eine der größten noch erhaltenen Minen in Cornwall. Bis 1990 war die Zinnmine noch in Betrieb. Man kann sie in einer zweistündigen Führung besichtigen und sich einen Überblick über die Arbeit der Bergleute verschaffen.

⌘ Geevor Tin Mine, Pendeen, Penzance, Cornwall TR19 7EW, ☏ 00 44/(0)17 36/78 86 62, 💻 www.geevor.com, 🚪 April bis Oktober So-Fr 9:00-17:00, Eintritt £ 14,60 für Erwachsene, £ 8,50 für Kinder, £ 45 für Familien, ☕

Für die weitere Wanderung gehen Sie an der Rezeption und dem Café vorbei und folgen einem Fußpfad, der Sie zur ⌘ Levant Mine ❺ bringt.

Levant Mine

Die Levant Mine ist ebenfalls eine ehemalige Zinn- und Kupfermine bei Pendeen. Sie galt lange Zeit als Königin der Unterwasserminen und wurde 1930 aufgegeben. Heute steht die Mine unter dem Schutz des National Trust. In ihrem Inneren befindet sich eine funktionstüchtige Dampf-Balanciermaschine.

⌘ Levant Mine, Pendeen, Penzance, Cornwall TR19 7EW, ☏ 00 44/(0)17 36/78 86 62, 💻 www.nationaltrust.org.uk/levant-mine-and-beam-engine, 🚪 April bis Ende Mai Mi und Fr, So 11:00-17:00, Ende Mai bis September Di-Fr und So 11:00-17:00, Oktober Mi und Fr 11:00-17:00, Eintritt £ 6,80 für Erwachsene, £ 3,30 für Kinder, £ 16,80 für Familien

Sie überqueren den 🅿 Parkplatz nach links und wandern an einer Mauer entlang, bis Sie das Anwesen Roscommon Cottage sehen. Hier gehen Sie nach

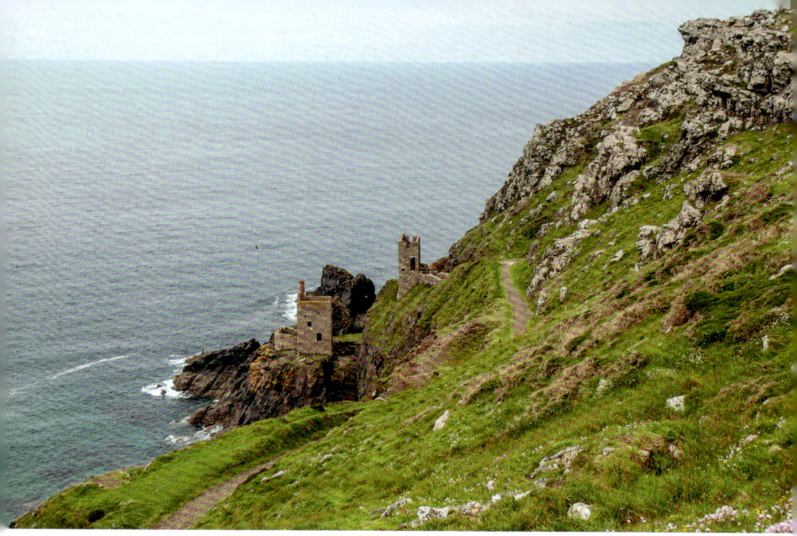

Die Botallack Mine wurden direkt am Meer gebaut

rechts und spazieren auf dem Küstenpfad weiter, bis Sie rechts unterhalb die ⌘ Botallack Mine ❻ sehen. Die Ruinen stehen direkt über dem Meer auf den Klippen.

Der Küstenpfad führt weiter an ein paar Ruinen vorbei, alles traurige Erinnerungen an die industrielle Vergangenheit Cornwalls. Der Weg wird bald schmaler und Sie kommen zu einer einzelnen Ruine. Von hier genießen Sie erstmals einen schönen Blick auf Cape Cornwall. Der Steig führt hinunter in ein schönes Tal. Dort überqueren Sie den Bach und wandern auf der anderen Talseite wieder bergauf. Sie passieren ein Haus und lassen sich von dem Teersträßchen bergab zu einem Parkplatz führen. Dann biegen Sie nach rechts durch ein Gatter zur Kapelle St Helens ab. Kurz danach beginnt ein Steig, der Sie hinauf zum Cape Cornwall ❼ bringt. Von diesem westlichen Punkt der cornischen Küste genießen Sie einen wunderbaren Ausblick auf die Landschaft rundherum.

In der cornischen Sprache wird dieser Ort Kilgoodh Ust genannt, was so viel bedeutet wie „Gänserücken von St Just". In Großbritannien gibt es nur zwei echte Kaps und Cape Cornwall ist eines davon.

An einem Kap treffen zwei große Gewässer aufeinander. Cape Cornwall teilt hier den Atlantik, wobei ein Teil der Strömung nach Norden in den Kanal von Bristol und in die Irische See abgelenkt wird und der andere Teil zum Ärmelkanal wird.

Von Cape Cornwall steigen Sie zur Küstenbeobachtungsstation hinab. Von hier wandern Sie an der Westseite von Cape Cornwall zurück in Richtung Parkplatz. Kurz vorher, an der Bootsanlegestelle, biegen Sie nach rechts ab. An der ersten Abzweigung führt der Weg scharf nach rechts und wird wieder schmaler. Sie wandern bergauf zu einer Teerstraße und erreichen einen Rastplatz, an dem Sie nach rechts abbiegen. Der Steig bringt Sie ins Cot Valley. Sie verlassen hier den Küstenpfad und spazieren kurz taleinwärts, bis nach links ein Steig steil bergauf führt. Auf diesem wandern Sie hinauf zu den Häusern von Bosorne. Sie folgen der Straße in Richtung St Just, bis im Ort ein Fußpfad nach rechts abzweigt. Durch den Hof gehen Sie zu einer Weide, die Sie am Ende über eine Mauer verlassen. Die zweite Weide verlassen Sie durch ein Gatter auf der linken Seite. Sie erreichen wieder einen Hof, von dem Sie auf die Straße gelangen. Auf dieser wandern Sie zurück zum **P** Parkplatz in St Just.

Blick auf Cape Cornwall

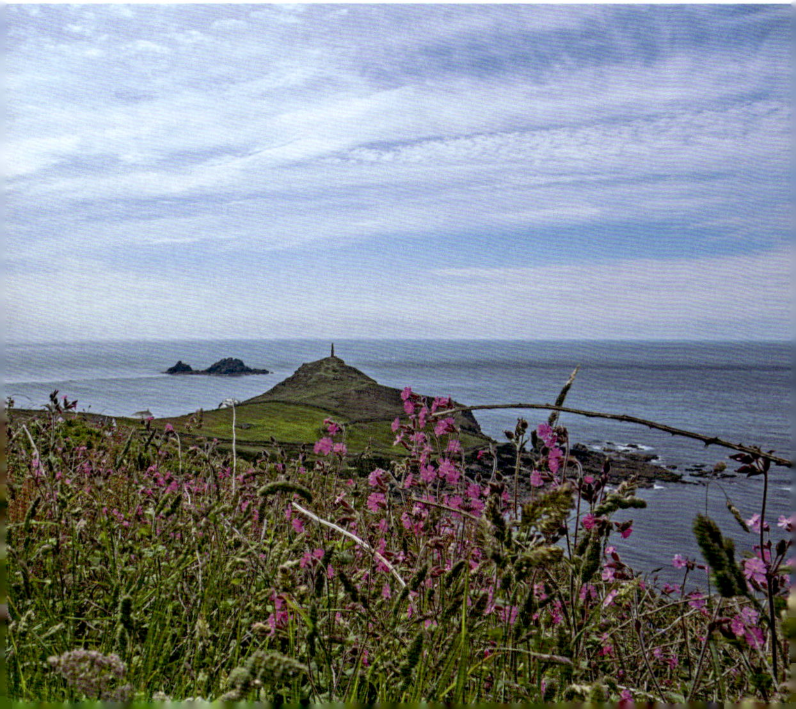

18 Mên-an-tol und weitere Spuren der Vergangenheit

Tour für Kulturliebhaber

Auf dieser Tour südöstlich von Pendeen wandern Sie in der Vergangenheit: Chûn Quoit, Mên-an-tol, Nine Maidens und Lanyon Quoit gibt es zu bestaunen. Zudem erwartet Sie mit den Carn Downs noch ein kleiner Gipfel sowie die einsam im Moor stehende Ding Dong Mine.

Start/Ziel: Parkplatz an der B3318 vor Pendeen, GPS N 50°8.578' W 005°38.975'

14,4 km

4 Std. 30 Min.

240 m/240 m

136-223 m

Sie laufen auf guten Wanderpfaden, die nur wenig markiert sind. Daher ist etwas Orientierungsvermögen erforderlich.

Es gibt keine Einkehrmöglichkeit am Weg.

Keine Rastplätze, es gibt unterwegs aber genügend Möglichkeiten, um eine Pause zu machen.

Die Tour ist relativ lang und daher nur für Kinder ab etwa 12 Jahren geeignet.

Die Wanderung führt ausschließlich über schmale Pfade und ist daher für Buggys nicht zu empfehlen.

Der Weg ist für Hunde geeignet, sie müssen aber auf der Weide und im Moor angeleint werden.

P kleiner Parkplatz auf der B3318 von Penzance in Richtung Pendeen, ca. 2 km nach der Abzweigung von der A3071 an einer Kreuzung

keine Busverbindung zum Startpunkt

Am P Parkplatz durchqueren Sie ein Gatter und folgen dem hier beginnenden Footpath, der geradeaus nach Osten führt. An einer Wegteilung entscheiden Sie sich für den linken Weg und wandern immer in Richtung einer großen Steinplatte. Sie steigen den Hügel hinauf und stehen plötzlich vor der Steinplatte, die allerdings auf vier 1,5 m hohen Pfeilern ruht. Sie stehen direkt vor dem ⌘ Chûn Quoit.

Chûn Quoit

Der Chûn Quoit ist ca. 5.500 Jahre alt und noch sehr gut erhalten. Es war vermutlich ein Portalgrab, das von einem Erdhügel bedeckt war. Heute stehen nur noch die senkrechten Megalithen, welche die einzige Deckplatte stützen.

Vom Quoit gehen Sie hinüber zum nahen ⌘ Chûn Castle ❶, das aus der Eisenzeit stammt.

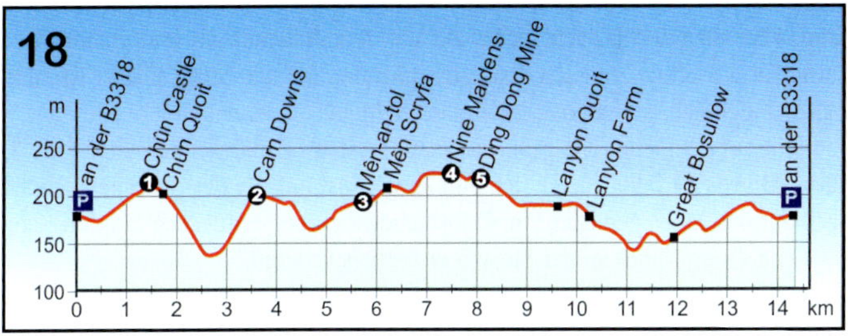

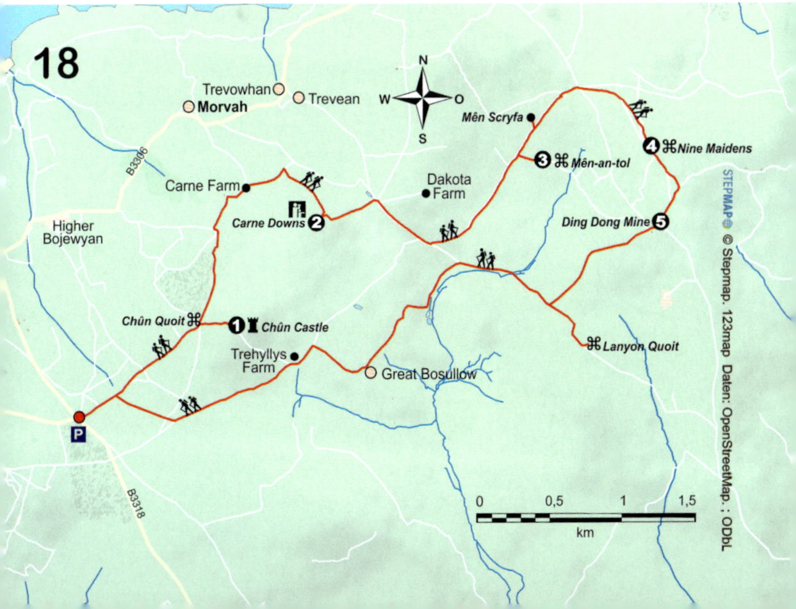

Chûn Castle

Das Chûn Castle war vermutlich bis zum ersten Jahrhundert nach Christus besiedelt. Es liegt auf einem Hügel und war dadurch wahrscheinlich gut zu verteidigen. Der Zugang durch die Mauern erfolgte durch einen steinumfassten Eingang.

Sie wandern wieder zurück zum Chûn Quoit und folgen dem Pfad, der Sie vom Quoit nach rechts zu einer Mauer bringt. Sie lassen sich nun von dem mit grünen Pfeilen markierten Weg in Richtung Chûn Farm führen. Bei einem Fahrweg wenden Sie sich nach links und spazieren an der Farm vorbei zu einer Wegkreuzung. Hier biegen Sie nach rechts auf ein Teersträßchen ab und gelangen zur Carne Farm. Achten Sie nach den Farmgebäuden auf den Steig. Dieser ist zuerst relativ undeutlich, steigt aber entlang einer Mauer zu einem Holzpfosten an. Sie wandern auf deutlichen Steigspuren hinauf zu den Felsblöcken am Gipfel der Carne Downs ❷. Hier bietet sich eine erste Rast an, bei der Sie einen schönen Blick auf das Meer genießen. In südöstlicher Richtung entdecken Sie den Kamin der Ding Dong Mine, an der Sie später vorbeispazieren.

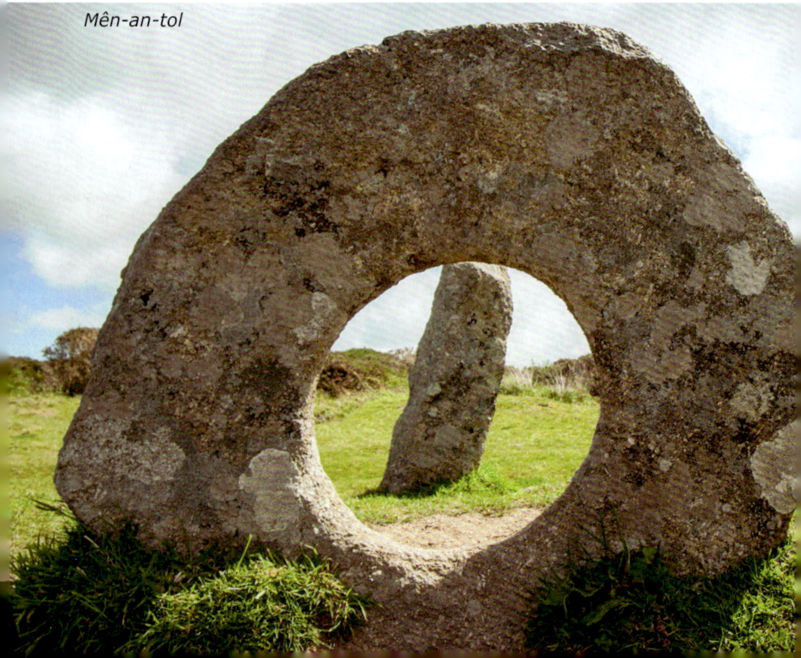

Mên-an-tol

Südlich des Granitturms klettern Sie über einen Stile und wandern auf einem Pfad entlang einer Mauer zu einem Holzgatter gegenüber der Einfahrt zur Dakota Farm. Hier nehmen Sie die Teerstraße nach rechts bis zum Mên-an-tol-Studio. Neben einem Wegweiser zum Mên-an-tol beginnt ein breiter Weg, auf dem Sie bis in die Nähe des ⌘ Mên-an-tol ❸ wandern. Um zu der Megalithformation zu gelangen, müssen Sie einen kurzen Abstecher nach rechts unternehmen.

Mên-an-tol

Mên-an-tol ist die cornische Bezeichnung für „Lochstein". Die Megalithformation ist vermutlich 3.000 bis 4.000 Jahre alt. Es existiert die Sage, dass derjenige, der durch das Loch kriecht, von Krankheiten geheilt wird.

Wieder zurück auf dem Hauptweg wandern Sie in nordöstlicher Richtung weiter. Hinter einem Gatter sehen Sie auf einer Wiese einen einzelnen Stein. Dabei handelt es sich um Mên Scryfa, einen *standing stone* mit alten Inschriften. Anschließend folgen Sie weiter dem Fahrweg, der in einem Bogen auf freies Gelände hinausführt. Der Pfad zieht sich sanft ansteigend den Hügel hinauf und bringt Sie zum Steinkreis ⌘ Nine Maidens ❹.

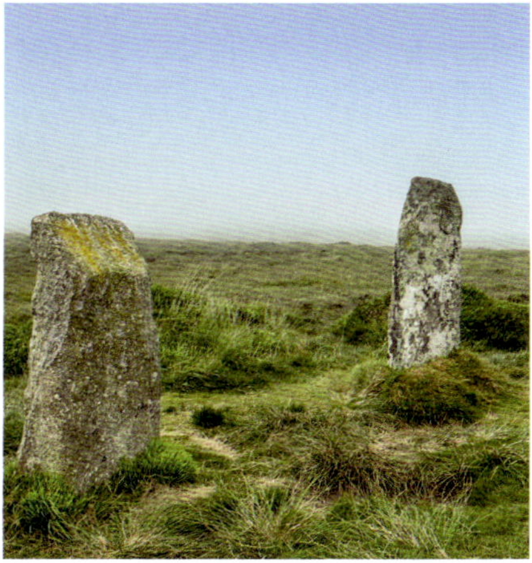

Zwei Steine der Nine Maidens

Nine Maidens

Bei den Nine Maidens handelt es sich um einen Steinkreis, der ebenfalls ca. 3.000 bis 4.000 Jahre alt ist. Von den ursprünglich 22 Granitsteinen sind noch 10 erhalten, von denen aber nur noch ein paar aufrecht stehen. Der Durchmesser des Steinkreises beträgt 22 m.

Nun ist es nicht mehr weit bis zur Ding Dong Mine ❺, die Sie auf schmalen Pfaden erreichen.

Ding Dong Mine

Die Ding Dong Mine ist eine der ältesten Minen in Cornwall. Die Hauptproduktion war in den Jahren 1814-1878. 1880 wurde die Mine geschlossen, als der Zinnpreis stark fiel. Das markante Gebäude, an dem Sie vorbeiwandern, ist das Engine House „Greenburrow Shaft".

In der Umgebung der Ding Dong Mine befinden sich einige tiefe Schächte, bleiben Sie deshalb besser auf dem Pfad.

Blick zur Ding Dong Mine

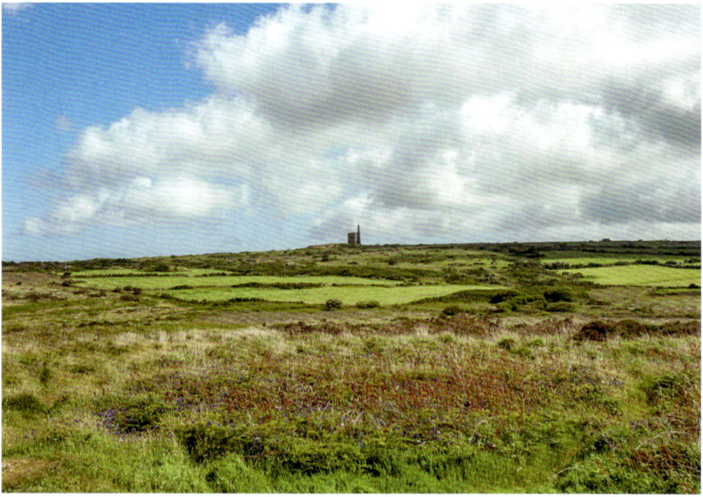

Sie wandern an der Mine vorbei und erreichen eine Wegverzweigung in unmittelbarer Nähe zur Lanyon Farm. Hier halten Sie sich links und kommen schließlich zur Straße. Auf der Straße spazieren Sie in ein paar Minuten zum nahen ⌘ Lanyon Quoit.

Lanyon Quoit

Der Lanyon Quoit ist neben dem Chûn Quoit der zweite Quoit auf dieser Wanderung. Er ist ca. 5.500 Jahre alt. Seine Pfeiler sind ca. 2 m hoch und tragen eine 13 t schwere Deckplatte.

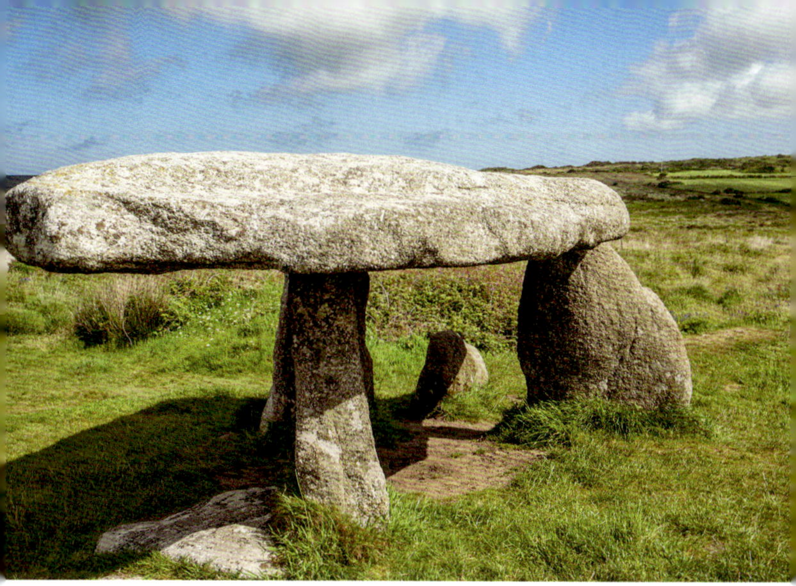

Der Lanyon Quoit

Nach der Besichtigung des Megalithen wandern Sie auf der Straße zurück und passieren die Lanyon Farm.

Nach der Farm nehmen Sie die erste Straße auf der linken Seite, die nach Little Bosullow führt. Am ersten Haus biegen Sie in den Weg ab, der sich nach links am Haus Gwel-a-Ves vorbei bis nach Great Bosullow zieht. Hier geht der Weg wieder in eine Teerstraße über. Die Straße bringt Sie aus dem Ort hinaus bis zu einer Kreuzung. Jetzt biegen Sie nach links zur Trehyllys Farm ab. Sie wandern an der Farm vorbei und in südwestlicher Richtung weiter auf dem Weg. An der Stelle, an welcher der Weg leicht abzufallen beginnt, biegen Sie auf einen Pfad nach rechts ab. Dieser bringt Sie zu einem Querweg, dem Sie kurz nach links folgen. Sie gehen dann aber gleich wieder nach rechts und spazieren zum nahen **P** Parkplatz hinüber.

19 Nach Land's End

Tour für trittsichere Naturliebhaber

Diese wunderschöne Wanderung führt von Sennen Cove nach Land's End, dem westlichsten Punkt Großbritanniens. Während es hier ziemlich touristisch zugeht, locken viele Abschnitte der Tour mit ruhigen Ecken und einer tollen Küstenlandschaft. Der Rückweg erfolgt anschließend durchs Landesinnere.

Start/Ziel: Sennen Cove, GPS N 50°4.659 W 005°42.307'

8,8 km

3 Std.

266 m/266 m

10-85 m

Küstenpfad (gelbe Eichel), Public Footpath. Im Landesinneren ist der Weg teilweise nicht ganz einfach zu finden, daher ist etwas Orientierungsinn erforderlich.

Restaurant bei Land's End (km 2,1) – wegen des Touristenrummels ist eine Einkehr aber nicht zu empfehlen.

Rastplätze bei Land's End (km 2,1)

Der erste Abschnitt der Tour von Sennen Cove nach Land's End ist für Kinder ab ca. 8 Jahren geeignet. Im letzten Küstenabschnitt ist der Pfad stellenweise etwas ausgesetzt. Hier ist entsprechende Vorsicht angebracht. Daher ist die Tour im Ganzen erst für Kinder ab etwa 12 Jahren zu empfehlen. Im Themenpark von Land's End finden sich einige Attraktionen für Kinder.

Die Strecke verläuft auf einem schmalen Pfad mit einigen Anstiegen. Mit Buggy kann man hier nicht wandern.

Die Tour verläuft fast durchgehend auf Pfaden und ist gut für Hunde geeignet. In den Einzäunungen sollten sie an die Leine genommen werden.

P gebührenpflichtiger Parkplatz am Hafen in Sennen Cove

mit dem Bus der Linie A1 von Penzance (alle zwei Stunden) oder der Linie 7 von St Just (mehrmals täglich) nach Sennen Cove

Vom P Parkplatz am Hafen von Sennen Cove wandern Sie auf dem Coast Path in südwestliche Richtung. Über einige Betonstufen gelangen Sie zum Mayon Lookout ❶. Von der alten Coastguard Station genießen Sie eine wunderbare Aussicht auf Sennen, die dahinterliegende Whitesand Bay und hinüber nach Land's End.

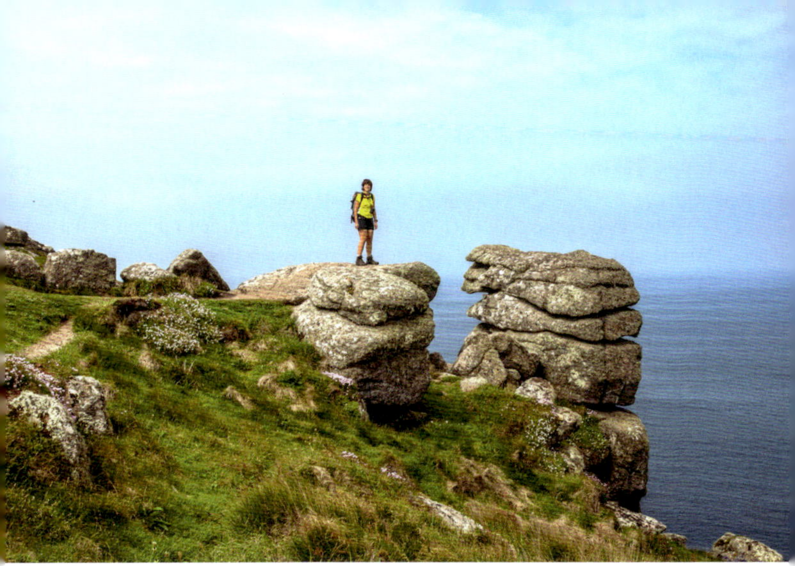

Exponierter Felsen am Weg zu Lands End

Nun folgt eine traumhafte Wanderung auf dem wunderschönen Küstenabschnitt vom Mayon Lookout bis nach Land's End ❷. Der breite Weg wird gut gepflegt und ist problemlos zu begehen.

Land's End

Der westlichste Punkt Großbritanniens selbst ist leider eine ziemliche Touristenattraktion. Seit 1987 gibt es dort einen Vergnügungspark mit angeschlossenem Restaurant.

FUN Land's End, Sennen, Cornwall, TR19 7AA, ☎ 00 44/(0)8 71/720 00 44, www.landsend-landmark.co.uk

Trotz des Rummels können Sie von den Bänken an den Klippen, direkt über dem Meer, die großartige Aussicht genießen. Eindrucksvoll präsentieren sich die Felsformationen, darunter vor allem die Longship-Klippen mit dem Leuchtturm. Bei gutem Wetter können Sie am Horizont sogar die Isles of Scilly erkennen.

Im ✕ Restaurant von Land's End könnten Sie auch einkehren.

✕ Restaurant Land's End,
www.landsend-landmark.co.uk/pages/lands-end-restaurant-and-bar,
täglich ab 12:00

Vermutlich werden Sie aber bald den Weiterweg zu den ruhigen Ecken der Wanderung antreten. Hierfür wandern Sie rechts am Hotelkomplex vorbei und gelangen bald zum Greeb Cottage mit seinen Ziegen und Schafen. Von hier spazieren Sie auf dem Coast Path nach Carn Cheer ❸. Jetzt bietet sich eine prächtige Aussicht auf den Felsenbogen Enys Dodnan. Dahinter steht das Felsgebilde Armed Knight, das Sie auf dem vorherigen Abschnitt begleitet hat.

Sie wandern weiter zum Trevilley Cliff, von dem Sie nochmals eine wunderbare Aussicht auf das Meer haben. Anschließend fällt der Weg zur Mill Bay ab. Bevor er über eine Leiter zur Bucht hinabführt, kommen Sie zu einer Wegverzweigung. Hier nimmt Sie der Weg nach links mit und steigt steil über einige Stufen bergauf. An einer weiteren Verzweigung folgen Sie dem gelben Pfeil und gelangen gleich danach zu einem Kissing Gate und auf ein Feld. Sie wandern nun auf einem Pfad

Traumhafte Landschaft bei Land's End

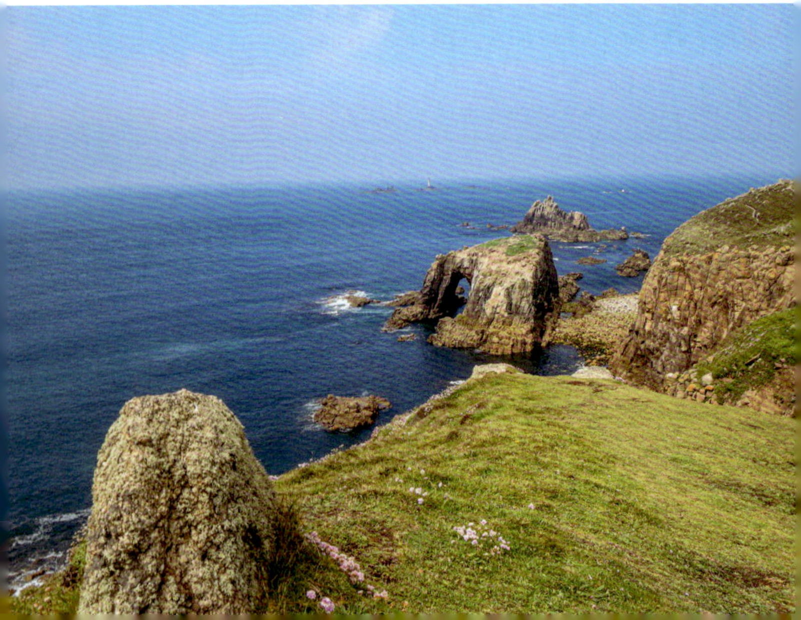

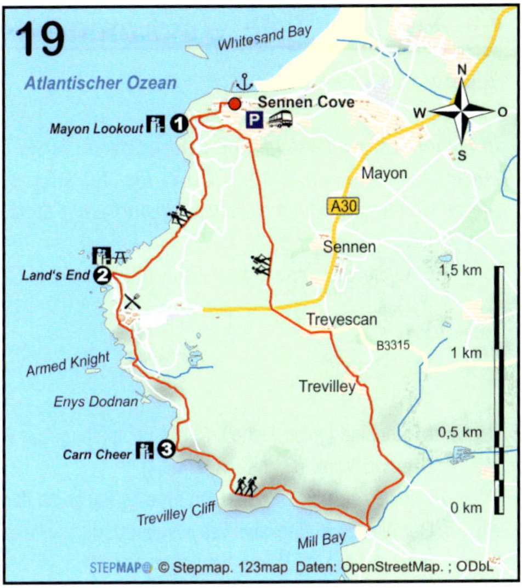

über die Wiese und durch eine Lücke in der Steinmauer auf die nächste Wiese. Entlang einer weiteren Mauer gelangen Sie zur Trevilley Farm. An den ersten Gebäuden gehen Sie vorbei und durchqueren anschließend den nächsten Hof (nicht nach rechts zur Straße laufen). Das Gatter am Ende des Hofes überwinden Sie mithilfe von Treppenstufen auf der rechten Seite. Entlang der folgenden Mauer wandern Sie über

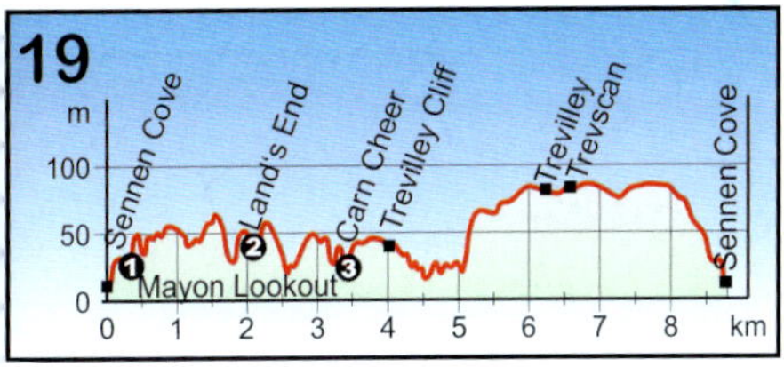

das Feld zu einem weiteren Gatter. Sie erreichen ein kleines Cottage in Trevescan, spazieren durch den dazugehörigen Garten und stehen nun an der Straße, in die Sie nach links einbiegen. Schließlich erreichen Sie eine Straßenkreuzung. Gegenüber führt ein Schotterweg zu einem einzelnen Haus, er bringt Sie bis kurz vor das Haus. In der Nähe einer Quelle beginnt auf der rechten Seite ein Pfad, der Sie auf ein nahe gelegenes Feld führt. Dieses überqueren Sie leicht ansteigend zu einem Gatter. Durch das Gatter erreichen Sie die nächste Wiese. Über diese wandern Sie entlang der Mauer, bis Sie ein weiteres Gatter auf die Straße bringt. Sie biegen nach links in die Straße ein, kommen zu einer Kreuzung und zweigen auf den zweiten Weg von links ab. Sie erreichen unterhalb des Mayon Lookouts den bekannten Weg, wenden sich nach rechts und spazieren zurück zum P Parkplatz in Sennen Cove.

20 An der Küste von Lamorna Cove

Tour für Felsliebhaber

In Lamorna Cove beginnt eine eindrucksvolle Küstenwanderung. Sie wandern bis zu der romantischen St Loy's Cove. Der Rückweg über das Landesinnere bringt Sie an den Merry Maidens, einem historischen Steinkreis, vorbei.

- Start/Ziel: Lamorna Cove, GPS N 50°3.729' W 005°33.863'
- 8,9 km
- 3 Std.
- 240 m/240 m
- 9-111 m
- Küstenpfad (gelbe Eichel), Public Footpath (gelber Pfeil)
- Lamorna Wink in Lamorna (km 8,4)
- keine Rastplätze, schöner Ort für eine Pause an der St Loy's Cove (km 3,8)
- Der Weg ist zu Beginn etwas ausgesetzt und sollte daher nur mit bergerfahrenen Kindern ab etwa 12 Jahren begangen werden.

In der St Loy's Cove führt der Weg über rund geschliffene Felsen

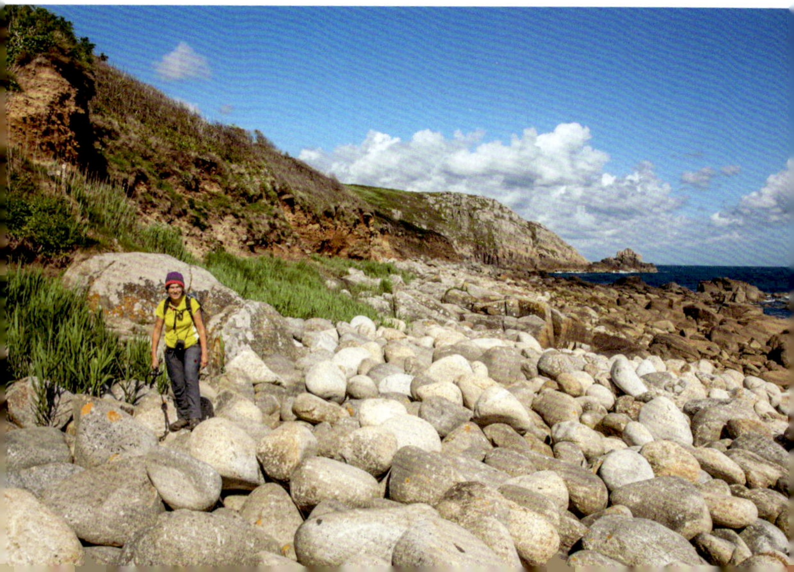

Die Tour verläuft ausschließlich auf schmalen Wegen und ist daher für Buggys nicht geeignet.

Der Weg ist für geländegängige Hunde geeignet, sie müssen aber auf der Weide angeleint werden.

P gebührenpflichtiger Parkplatz in Lamorna Cove

Die Buslinie 347 fährt von Penzance nach Lamorna (alle zwei Stunden). Sie beginnen die Wanderung dann in Lamorna und wandern zuerst nach Lamorna Cove.

Vom **P** Parkplatz in Lamorna Cove folgen Sie dem Küstenpfad in südlicher Richtung. Sie erklimmen das Tregurnow Cliff und wandern weiter zum Rosemodress Cliff. Bald sehen Sie unterhalb des Weges einen Leuchtturm, an dessen Zufahrtsstraße Sie der Weg vorbeiführt. Wenig später passieren Sie ein großes Anwesen auf der rechten Seite. Sie wandern auf dem Küstenpfad weiter über das Boscawen Cliff, bis der Weg steil zur St Loy's Cove ❶ abfällt. Sie kraxeln nun über runde, vom Wasser glatt geschliffene Steine.

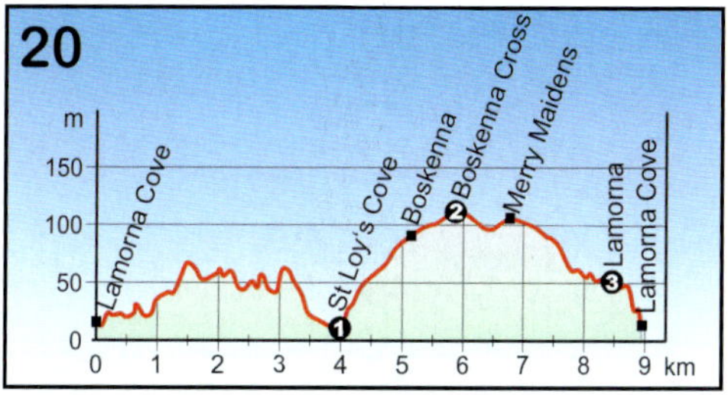

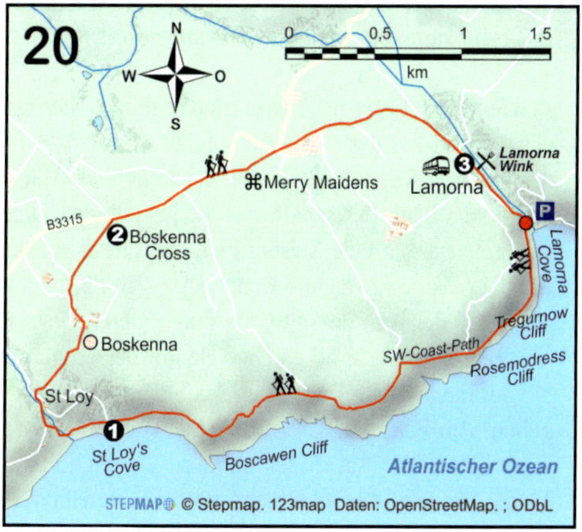

Bei Nässe ist unbedingt Trittsicherheit erforderlich.

Sie gehen auf ein Gatter zu, dort wird der Pfad deutlicher. Kurzzeitig werden die Steine wieder größer. Auf einer Brücke biegen Sie nach rechts zu einer Privatstraße ab, die Sie überqueren. Anschließend folgen Sie dem Küstenpfad

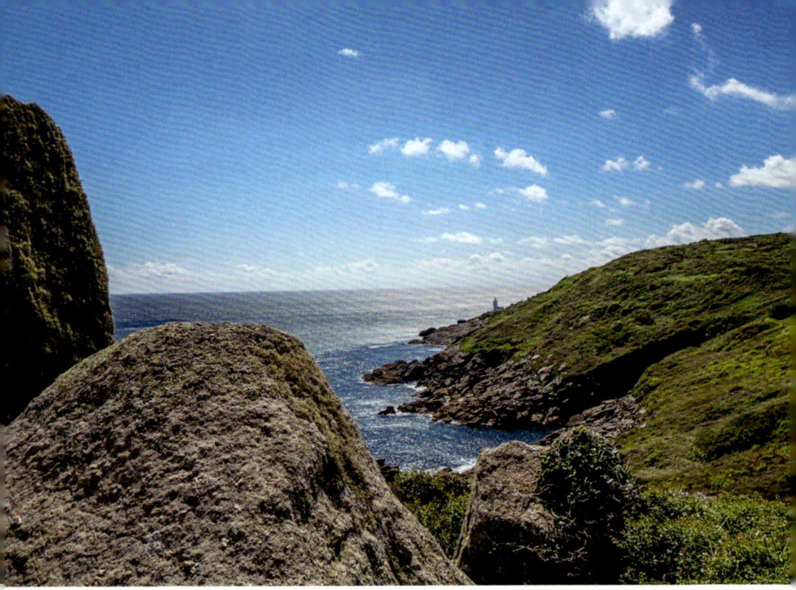

Blick auf den sehr schönen Wegabschnitt nach Lamorna Cove

steil aufwärts, bis er nach links wieder abfällt. Hier halten Sie sich rechts und wandern am Bach aufwärts. Wenig später überqueren Sie den Bach und steigen auf der anderen Seite aufwärts, bis Sie in lichten Wald gelangen. Dort nehmen Sie den ersten Pfad, der scharf nach rechts abbiegt. Der Pfad zieht sich weiter dahin und geht bald in eine Straße über. Auf dieser spazieren Sie zur Boskenna Farm. An einer Wegverzweigung wenden Sie sich nach links und kommen an einen Bungalow auf der rechten Seite. Sie durchqueren ein Metallgatter und wandern weglos über eine Wiese zu einem Stile auf der rechten Seite. Über diesen gelangen Sie auf das nächste Feld, über das Sie ebenfalls weglos in die rechte obere Ecke gehen. Am Boskenna Cross ❷, einem keltischen Kreuz, betreten Sie über einen Stile die Straße. Auf dieser wandern Sie nach rechts zum Parkplatz bei den ⌘ Merry Maidens. Sie schlendern hinauf zum nahen Steinkreis.

Merry Maidens

Der Steinkreis der Merry Maidens wird auf die Bronzezeit datiert. Die 19 Steine bilden einen Kreis mit einem Durchmesser von 24 m. Einer Legende zufolge handelt es sich bei den Steinen um verwandelte junge Mädchen, die das Tanzverbot am Sonntag missachtet hatten.

Der Weiterweg führt in gerader Linie zu einem Stile, den Sie überqueren. Der Weg bringt Sie steil hinunter zur Straße, der Sie kurz folgen, bis nach rechts eine kleine Straße abzweigt. Sie bleiben auf der Straße (Schild „No Through Road"), die an ihrem Ende in einen Public Bridleway übergeht. Auf dem Weg wandern Sie durch den Wald hinunter ins Lamorna Valley. Dann spazieren Sie auf der Straße zum ✗ Lamorna Wink ❸, das zu einer Einkehr einlädt.

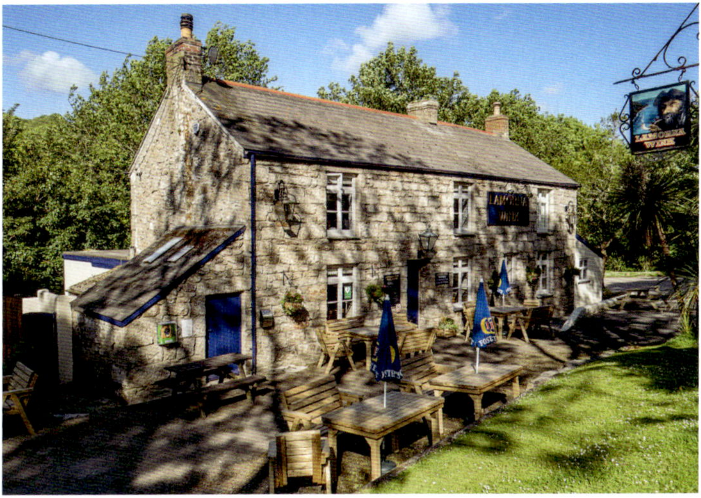

Das Lamorna Wink, eine beliebte Einkehr

✗ Lamorna Wink, Lamorna Cove, Penzance, Cornwall TR 19 6XQ, ☏ 00 44/(0)17 36/73 15 66, 💻 www.facebook.com/lamornawink, 11:30-14:30 und 18:00-22:30

Lamorna Wink

Der Name des Gasthauses geht auf den Schmuggel zurück, den die Bewohner von Lamorna einst betrieben. Mit einem Augenzwinkern (engl. *wink*) gab man Interessenten zu verstehen, dass die Ware eingetroffen ist. Das Lamorna Wink ist auch Schauplatz eines Romans von Martha Grimes.

Von der Gaststätte ist es nicht mehr weit bis zum Parkplatz in Lamorna Cove, den Sie auf der schmalen Fahrstraße erreichen.

21 Zu den Stränden bei Porthcurno

Tour für Kulturliebhaber

Die Südküste bei Porthcurno ist bekannt für ihre goldenen Sandstrände. Die Tour führt Sie an spektakulären Ausblicken vorbei bis zum schön gelegenen Gwennap Head und zum romantischen Fischerdörfchen Porthgwarra.

- Start/Ziel: Porthcurno, GPS N 50°2.738' W 005°39.262'
- 6,8 km
- 2 Std. 30 Min.
- 195 m/195 m
- 11-73 m
- Küstenpfad (gelbe Eichel), Public Footpath
- Café in Porthgwarra (km 4,3), Einkehrmöglichkeiten in Porthcurno
- keine Rastplätze, schöne Pausenmöglichkeit am Gwennap Head (km 3,7)
- Bademöglichkeit an den Stränden von Porthgwarra (km 4,3) und Porthcurno (km 6,8)
- Der Weg ist für Kinder ab etwa 8 Jahren geeignet, steile Stufen beim Abstieg vom Minack Theatre nach Porthcurno erfordern Vorsicht.
- Die Wanderung ist mit Buggys nicht machbar.
- Der Weg ist für Hunde geeignet, sie müssen aber auf der Weide angeleint werden. Der Strand von Porthcurno und der Strand von Porthgwarra sind vom 1. Mai bis zum 30. September von 8:00 bis 19:00 für Hunde gesperrt.

Abendstimmung am Strand von Porthcurno

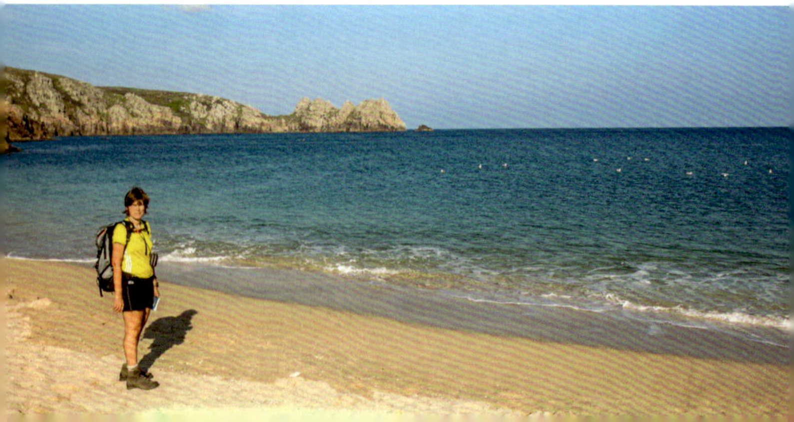

P gebührenpflichtiger Parkplatz am Telegraph Museum oberhalb von Porthcurno
mit der Buslinie A1 von Penzance nach Porthcurno (zwei Fahrten am Vormittag)

Vom P Parkplatz am ⌘ Telegraph Museum wandern Sie auf der Straße ein kurzes Stück zurück. Kurz vor dem Sea-View-Haus biegen Sie nach links ab und folgen einem Weg zu ein paar Ferienhäusern. Über ein Gatter erreichen Sie eine Wiese. In der Mitte der Wiese passieren Sie ein Steinkreuz und wandern weiter zu einem Holzgatter. Sie gehen bergab zur ✞ St-Levan-Kirche ❶.

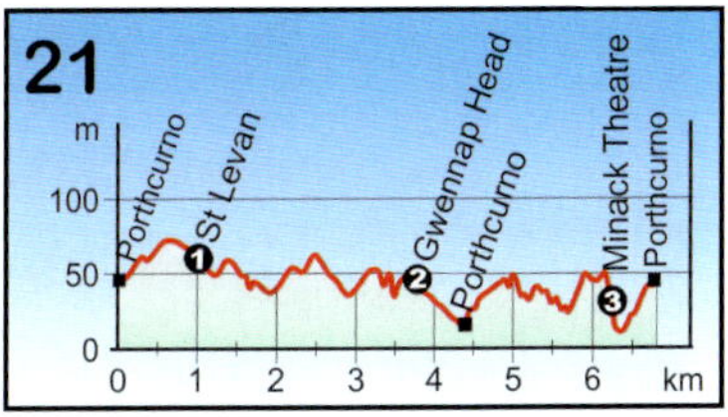

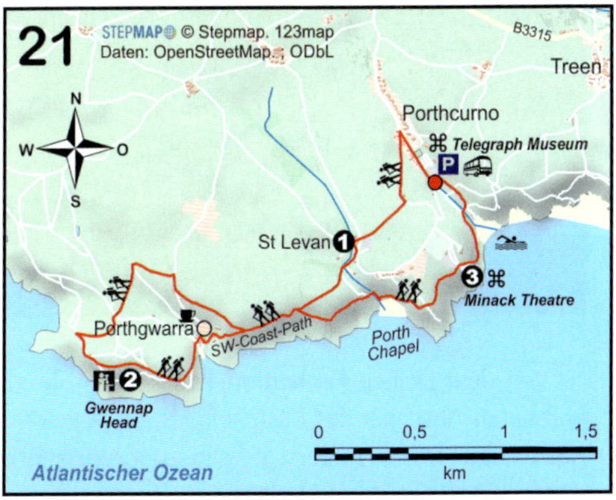

Nach der Besichtigung der Kirche überqueren Sie die Straße und folgen einem Pfad (Wegweiser „Porthgwarra Cove"). Auf einer Brücke gehen Sie über einen kleinen Bach und wählen an der folgenden Kreuzung den rechten Pfad, der Sie bergauf zu einem Feld bringt. Von dieser Stelle bietet sich Ihnen ein großartiger Meerblick. Sie bleiben auf dem Weg, bis Sie zum Küstenpfad gelangen. Gehen Sie auf diesem weiter bis zu der Stelle, an welcher der Weg nach Porthgwarra abfällt. Hier sehen Sie auf der rechten Seite einen kleinen Pfad, auf den Sie einbiegen. Über ein paar hölzerne Stufen steigen Sie ein paar Meter bergauf und wandern auf dem häufig zugewachsenen Pfad bis zu einer kleinen Straße bei einem Haus. Wenden Sie sich dort nach rechts und gehen Sie bis zu einer größeren Straße. Auf dieser wandern Sie nach links, bis die Straße eine scharfe Linkskurve macht. Hier beginnt auf der rechten Seite ein verwachsener Pfad, dem Sie leicht abwärts zu einer Steinbrücke folgen. Hinter der Brücke steigt der Pfad leicht an zu einem steinernen Haus. Sie biegen mit der Straße nach rechts um die Kurve, zweigen dann aber gleich nach rechts auf einen Pfad ab. An der nächsten Wegteilung nehmen Sie den rechten Weg, der

Sie zum Küstenpfad bringt. Hier bietet sich eine wunderbare Aussicht auf die Umgebung. Sie gehen hinüber zur Lookout Station am Gwennap Head ❷. Anschließend wandern Sie auf dem Coast Path bis Porthgwarra. Hier befindet sich am Strand ein kleines Beachcafé, das im Sommer geöffnet hat.

Blick auf die Bucht von Porthgwarra

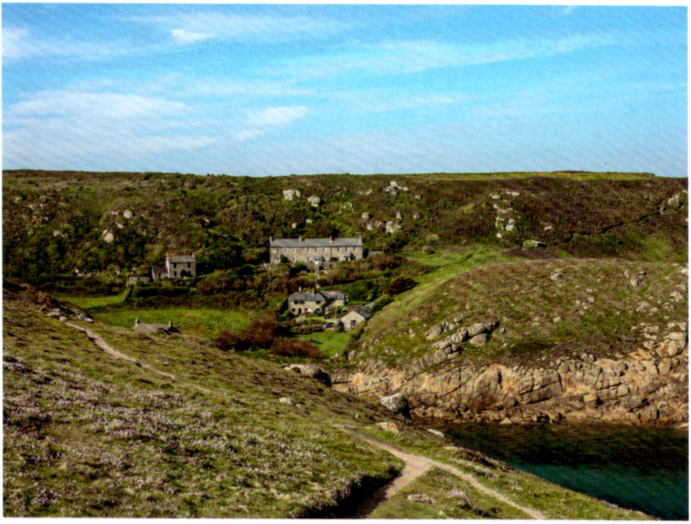

Von dem kleinen Fischerdörfchen steigen Sie steil hinauf zum vom Hinweg bekannten Abschnitt des Küstenpfades. Sie wandern nun bis Porthcurno auf dem Küstenpfad. Er führt zuerst bergab zum tollen Strand Porth Chapel und steigt danach wieder steil an. Sie kommen zu einem Felskopf und gehen hinüber zum ⌘ Minack Theatre ❸, das Sie unbedingt besichtigen sollten.

Minack Theatre

Das Minack Theatre ist ein Open-Air-Theater direkt in den Felsen über dem Meer. Es wurde 1932 von Rowena Cade gegründet. Sie mauerte eigenhändig Bühne und Sitze in die Felsen. Wenn es sich ergibt, sollten Sie eine Vorstellung im Theater besuchen. Es ist ein Erlebnis, die Schauspieler unter freiem Himmel mit der Meeresbrandung im Hintergrund zu erleben.

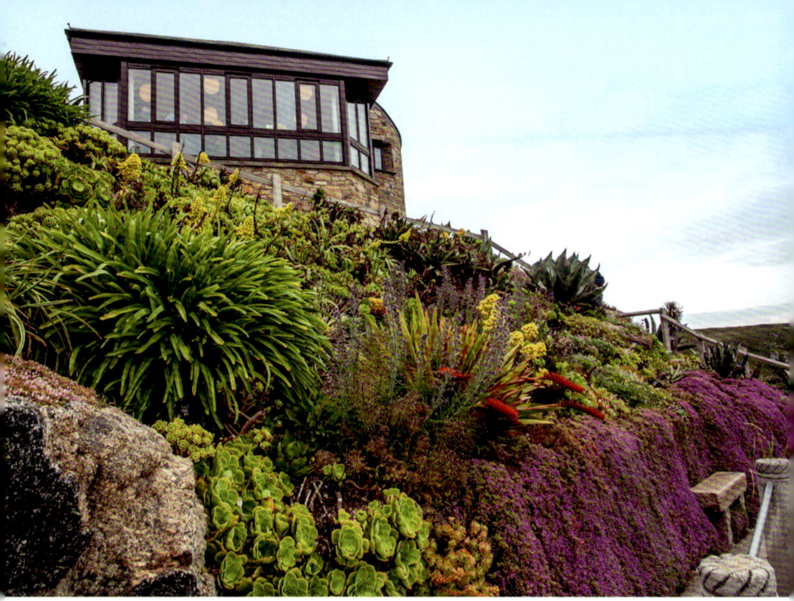

Der schöne Garten im Minack Theatre

Neben dem Theater führt ein Weg mit Stufen steil bergab zum Strand. Über den schönen 🏊 Sandstrand, an dem Sie baden können, spazieren Sie nach Porthcurno und über einen Weg hinauf zum 🅿 Parkplatz. Wenn Sie nach der Wanderung noch Lust haben, können Sie das ⌘ Telegraph Museum besuchen.

Telegraph Museum Porthcurno

Das Telegraph Museum ist in Tunneln aus dem Zweiten Weltkrieg untergebracht. Es informiert die Besucher über die Technik des Unterwasserkabels. Ab 1870 wurden von Porthcurno aus Unterwasserkabel verlegt. Insgesamt 14 Seekabel wurden bis zum Zweiten Weltkrieg in Portcurno betrieben. Sie verbanden England mit der Welt. Das letzte Kabel wurde 1970 außer Betrieb genommen.

⌘ The Telegraph Museum, Eastern House, Old Cable Lane, Porthcurno, Cornwall TR19 6JX, ☏ 00 44/(0)17 36/81 09 66, 🚪 Ende März bis Ende Oktober täglich 10:00-17:00, Eintritt £ 9,50 für Erwachsene, £ 5,50 für Kinder, £ 27 für Familien

Lizard Peninsula

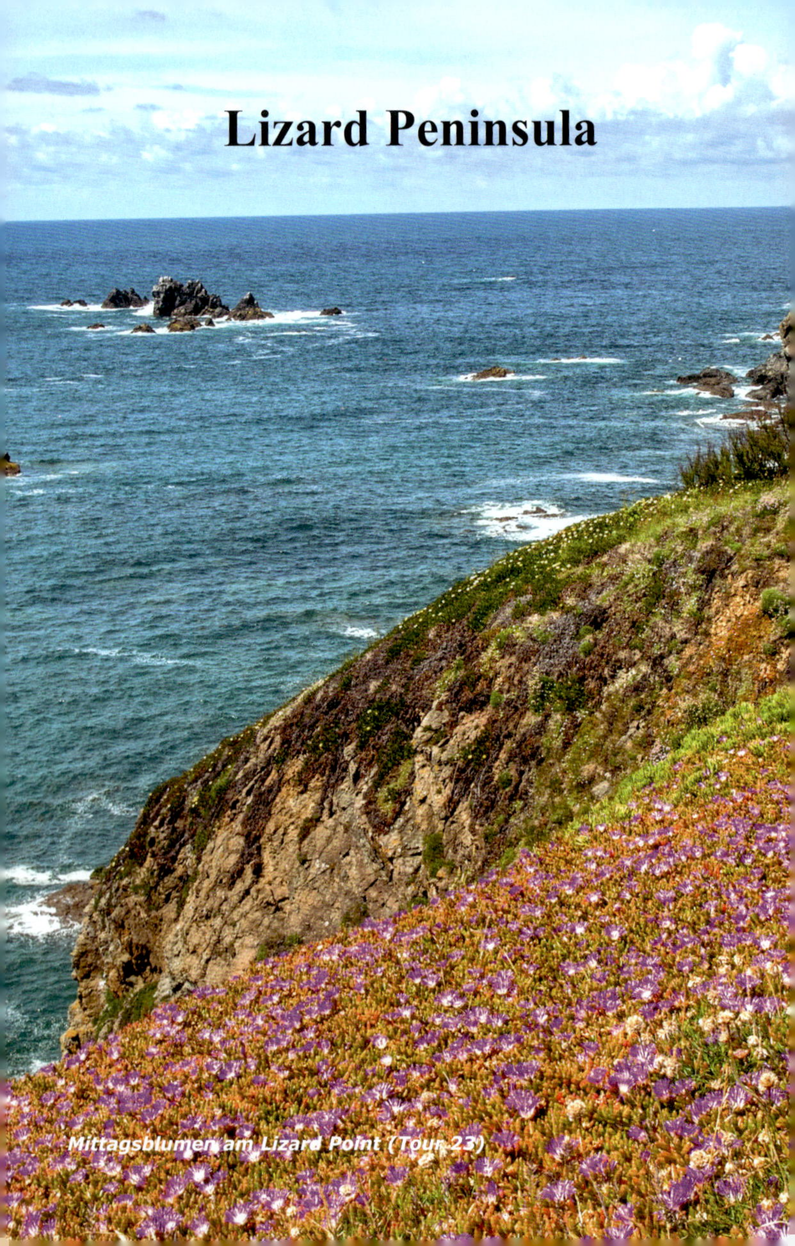

Mittagsblumen am Lizard Point (Tour 23)

22 Von Perranuthnoe zur Prussia Cove

Tour für Kulturliebhaber

Die Wanderung von Perranuthnoe zur Prussia Cove gehört zu den einsameren Touren in diesem Buch. Auf der ganzen Wanderung bietet sich immer wieder ein schöner Blick zum berühmten St Michael's Mount.

Start/Ziel: Perranuthnoe, GPS N 50°6.798' W 005°26.560'

7 km

2 Std. 30 Min.

180 m/180 m

3-76 m

Küstenpfad (gelbe Eichel), Public Footpath im Landesinneren, hier etwas Orientierungssinn erforderlich

The Victoria Inn in Perranuthnoe

keine Rastplätze auf der Tour, schöne Rastmöglichkeit am Cudden Point (km 2,6)

Der Weg ist für Kinder ab etwa 8 Jahren gut geeignet. Er ist nicht besonders schwer und relativ kurz.

Die Wanderung verläuft nur auf schmalen Pfaden und ist daher für Buggys nicht zu empfehlen. Eine Alternative bietet der Küstenpfad zwischen Marazion und Penzance (☞ S. 113).

Der Weg ist für Hunde gut geeignet, sie müssen aber auf der Weide angeleint werden. In der Prussia Cove sind Hunde ganzjährig zugelassen.

P gebührenpflichtiger Parkplatz in Perranuthnoe

Linie 39A von Camborne nach Perranuthnoe (viermal täglich)

Nach der Tour lohnt sich noch ein Ausflug zum St Michael's Mount, den Sie auf der ganzen Wanderung aus der Ferne bewundern können.

Sie wandern vom P Parkplatz in Perranuthnoe auf dem Küstenpfad oberhalb des Sandstrandes entlang.

Sie können einen kurzen Abstecher hinunter zum Strand unternehmen, indem Sie stattdessen kurz geradeaus weitergehen.

Wenn Sie nicht zum Strand wollen, wandern Sie gleich nach dem Parkplatz nach links zu einer Weggabelung. Jetzt wenden Sie sich nach rechts und somit wieder in Richtung Küste. Dort biegen Sie nach links ab und folgen dem Küstenpfad über Trebarvah Cliff zur Trevean Cove. Sie wandern über das Stackhouse Cliff zum Cudden Point ❶, der vom National Trust verwaltet wird. Hier auf der kleinen Halbinsel bietet sich eine gemütliche Rast an.

Nach der Pause wandern Sie an der Südküste oberhalb der Piskies Cove nach Osten. Nach einem Gatter kommen Sie zu ein paar Fischerhütten. Der Steig bringt Sie bis zur Bessy's Cove, wo Sie auf einem Pfad hinunter zum Strand gehen können.

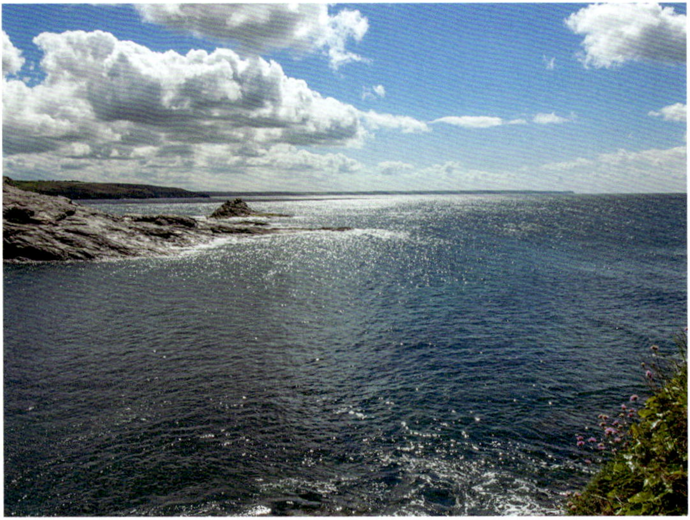

An der Prussia Cove mit Blick nach Süden

Auf dem regulären Weg wandern Sie über ein paar Stufen aufwärts zu einem Ferienhäuschen. Hier biegen Sie nach rechts ab und folgen dem Pfad, der hinter einem Briefkasten beginnt und Sie zum Parkplatz bei Prussia Cove ❷ bringt. Sie wandern nun auf der Zufahrtsstraße zum Parkplatz, erreichen ein großes Haus und folgen der Straße, die eine scharfe Rechtskurve macht. Noch ein Stück gehen Sie auf der Straße weiter bis zu einem Schild „Public Footpath", das Sie allerdings ignorieren. Etwa 150 m nach dem Schild sehen Sie links ein Gatter mit einem Stile. Sie steigen darüber auf die Wiese und überqueren Sie weglos zu einem

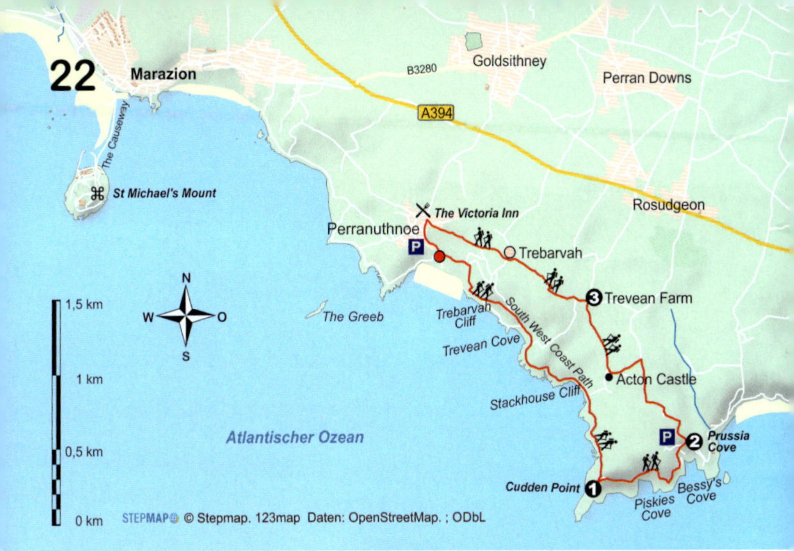

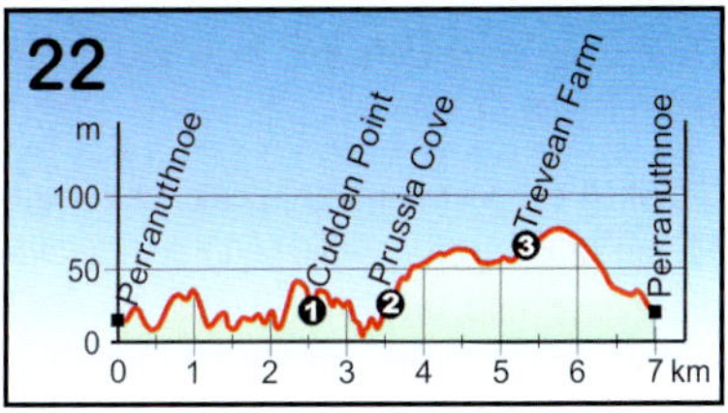

Telefonmast. Links daneben finden Sie einen Durchgang zu einer weiteren Wiese. Sie spazieren entlang der Hecke zur linken hinteren Ecke des Feldes, direkt hinter dem Anwesen Acton Castle. Hier biegen Sie nach rechts ab und spazieren entlang der Hecke bis zu ihrem Ende. Dort finden Sie wieder einen Stile, über den Sie auf das nächste Feld gelangen. Sie wandern bis zum Ende des Feldes und gehen durch einen Durchgang auf der rechten Seite. Entlang der linken Hecke laufen Sie in Richtung von Farmhäusern. In der Mitte des Feldes finden Sie einen Stile, der Sie nach links auf die Straße bringt. Sie wandern zwischen den Häusern hindurch bis zu einer Kreuzung und biegen hier nach links ab, an der Trevean Farm ❸ vorbei. Wenig später wenden Sie sich auf einem steinigen Pfad nach rechts. Sie passieren ein Gatter und wandern auf der linken Seite des Feldes zur oberen Ecke. Nun gehen Sie nicht über den Stile in der Ecke nach links, sondern wandern noch kurz nach rechts. Dort finden Sie wieder einen Stile, über den Sie auf ein weiteres Feld gelangen. Sie wandern auf dem Footpath weiter bis Trebarvah. Hier klettern Sie ein weiteres Mal über einen Stile und anschließend durch ein Gatter.

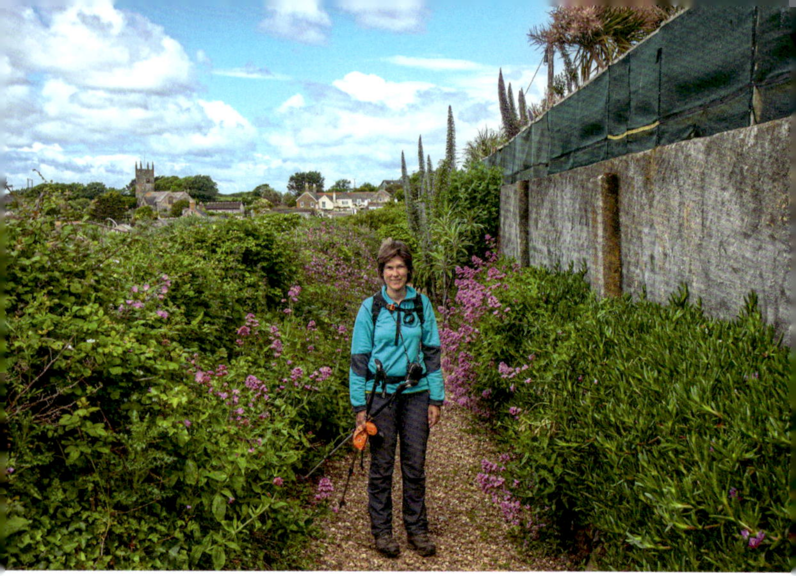

Direkt vor dem Ende der Wanderung führt der Weg zwischen schönen Blumen hindurch

Nach ein paar Cottages genießen Sie einen traumhaften Blick auf St Michael's Mount. Sie folgen anschließend dem geradeausführenden Footpath, der Sie über die Wiese und durch die Hecke bis nach Perranuthnoe bringt. Sie wandern entlang von Häusern zur Straße, die Sie gegenüber dem ✕ Victoria Inn erreichen.

✕ The Victoria Inn, Perranuthnoe, Penzance, Cornwall TR20 9NP,
☏ 00 44/(0)17 36/71 03 09, 💻 victoriainn-penzance.co.uk,
🚪 Di-Sa 12:00-14:00 und 18:00-21:00, So 12:00-16:00

Nach der Einkehr spazieren Sie auf der Straße nach links bis zum **P** Parkplatz zurück.

Nach der Tour lohnt sich noch der Ausflug zum ⌘ St Michael's Mount.

St Michael's Mount

1050 wurde die auf dem Granitfelsen stehende Kapelle den Benediktinermönchen von Mont St Michel übergeben. Daraufhin wurde nach dem normannischen

Vorbild Mont St Michel eine zweite Abtei gegründet. Ursprünglich stand der Felsen aber wohl im Landesinneren. Nach der Auflösung des Klosters durch Heinrich VIII. wurde die Insel zu einer Burg ausgebaut. Neben der Burg lohnt auch die Besichtigung des Felsengartens.

Bei Ebbe kann die Insel zu Fuß über einen Damm erreicht werden, bei Flut bringen Sie Boote hinüber.

Der St Michael's Mount – ein lohnendes Ausflugsziel unweit der Tour zur Prussia Cove

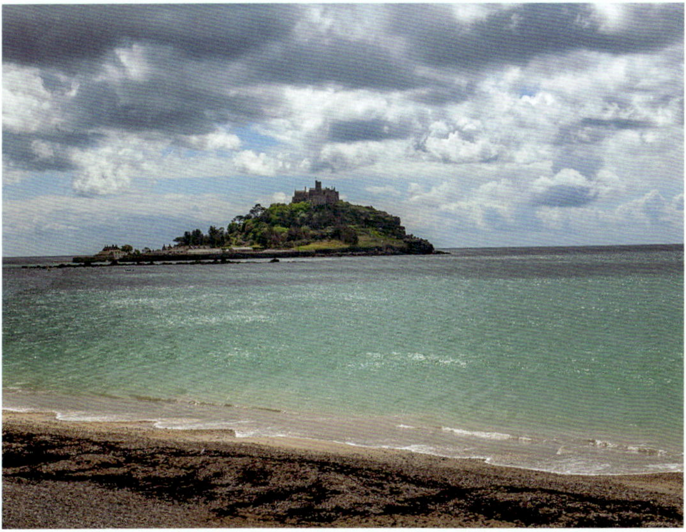

⌘ St Michael's Mount, Marazion, Cornwall TR17 OHS, ☏ 00 44/(0)17 36/71 02 65, ✉ enquiries@stichaelsmount.co.uk, 💻 www.stmichaelsmount.co.uk, 🚪 März bis Juni und September bis November 10:30-17:00 (außer Sa), Juli bis August 10:00-17:30, Eintritt (nur Burg) £ 10,50 für Erwachsene, £ 5 für Kinder, £ 26 für Familien, Kombiticket mit Garten £ 16 für Erwachsene, £ 8 für Kinder, £ 40 für Familien

Der Küstenpfad zwischen Marazion und Penzance ist ein idealer Abschnitt für eine Wanderung mit dem Buggy. Gemeinsam mit dem Ausflug zum St Michael's Mount ergibt das einen tollen Familienausflug.

23 Zum Lizard Point

Tour für Träumer

Diese Wanderung führt zum südlichsten Punkt Großbritanniens, dem Lizard Point auf der Lizard-Halbinsel. Bevor Sie den Lizard Point erreichen, wandern Sie zur Kynance Cove, eine der landschaftlich schönsten Buchten in Cornwall.

- Start/Ziel: Lizard Village, GPS N 49°58.140' W 005°12.254'
- 10,4 km
- 3 Std. 30 Min.
- 292 m/292 m
- 3-76 m
- Küstenpfad (gelbe Eichel), Public Footpath
- Café Kynance Cove (km 2,2), Café am Lizard Point (km 6), Housel Bay Hotel (km 7,4)
- Rastmöglichkeiten am Lizard Point (km 6) und am Abschnitt zwischen Coastguard Lookout und Lifeboat Station (ab km 8)
- Der Weg ist für Kinder ab etwa 8 Jahren geeignet, Sie können die Runde gut verkürzen und vom Lizard Point in wenigen Minuten zum Lizard Village zurückgehen.
- Die Wanderung verläuft auf schmalen Wegen, mit Buggys kann man hier nicht wandern.
- Der Weg ist für Hunde geeignet, sie müssen aber auf der Weide angeleint werden. In der Kynance Cove sind Hunde von Ostern bis zum 30. Sept von 7:00 bis 19:00 nicht zugelassen. Die Bucht muss für die Wanderung aber nicht betreten werden.
- P Parkplatz in Lizard Village
- mit dem Bus Nr. 37 von Helston nach Lizard Village (stündlich)

Vom P Parkplatz in Lizard Village wandern Sie in Richtung der öffentlichen Toiletten und folgen der Pentreath Lane ortsauswärts. Bald entdecken Sie auf der rechten Seite der Straße einen Pfad (Wegweiser „Public Footpath to Kynance Cove"). Nach einem Ferienhäuschen steigen Sie ein paar Stufen aufwärts, dann erreichen Sie eine Steinmauer, an der Sie entlanggehen. Nach ein paar weiteren Stufen durchqueren Sie eine grüne Hecke. Sie ignorieren weitere Stufen und spazieren etwas nach rechts über eine Wiese. Nach einem Stile kommen Sie an eine Straße, auf der Sie an dem Haus Corn Goon vorbeiwandern. Kurz nach dem Haus, dort, wo die Straße leicht nach links abbiegt, gehen Sie auf einem Steig

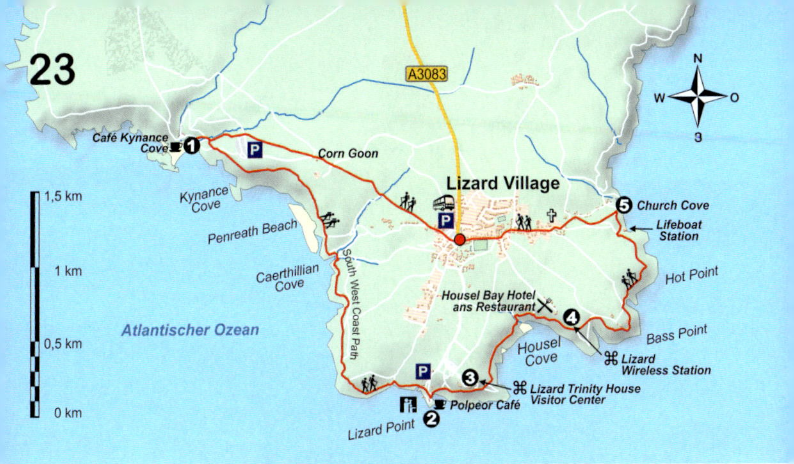

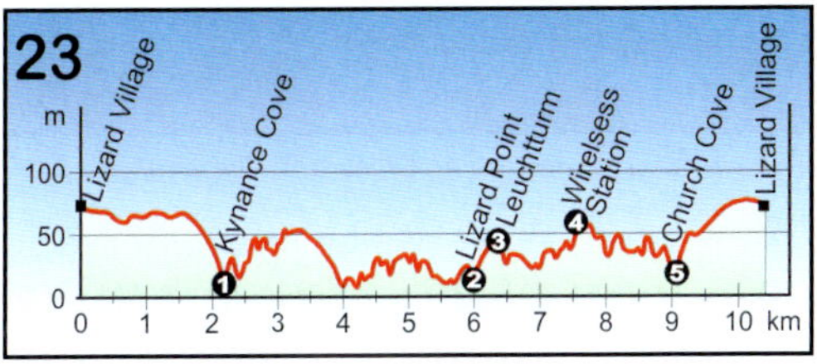

geradeaus weiter. Bei einer Kreuzung erreichen Sie einen steinigen Weg, der Sie zum National-Trust-Parkplatz bringt. Vom Parkplatz wenden Sie sich nach rechts und spazieren auf dem breiten Weg hinunter zur Kynance Cove. Die Bucht ist wirklich bezaubernd und lädt regelrecht zum Träumen ein. Einkehren können Sie im ☕ Café Kynance Cove ❶, das etwas oberhalb der Bucht liegt.

☕ Café Kynance Cove, Helston, Cornwall TR12 7PJ, ☏ 00 44/(0)13 26/29 04 36, ✉ cafe@kynancecovecafe.co.uk, 💻 www.kynancecovecafe.co.uk, 🚪 täglich 10:00-16:00

Nach einer Pause an der Bucht gehen Sie wieder ein paar Meter zurück, bis der Küstenpfad nach rechts abzweigt. Er führt steil bergauf zu einem Kliff, von dem Sie noch einmal eine schöne Aussicht auf die Kynance Cove genießen. Sie wandern nun auf dem wunderschönen Küstenpfad, der oberhalb von Penreath Beach und Caerthillian Cove verläuft. Sie wandern weiter zur Südspitze der Lizard-Halbinsel ❷. Hier befinden sich ein 🅿 Parkplatz und das ☕ Polpeor Café, in dem sich eine Einkehr lohnt.

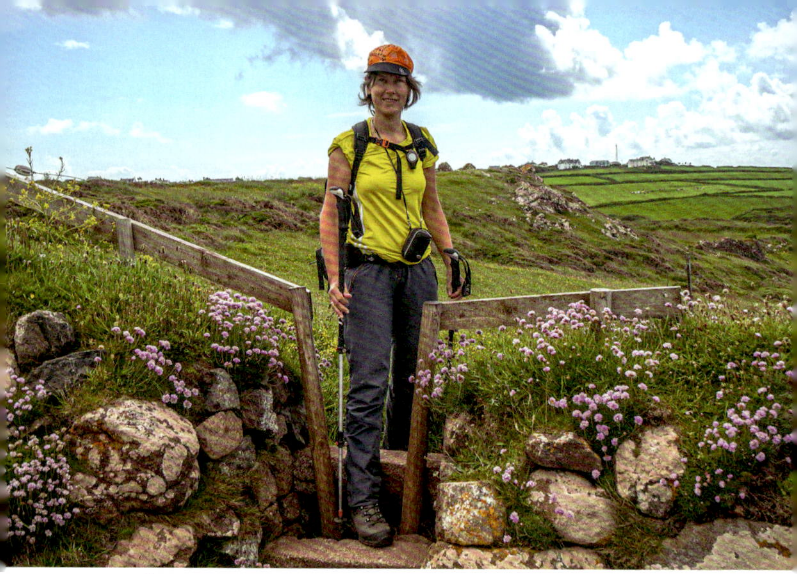

Beim Überqueren eines Stiles am Küstenpfad

☕ Polpeor Café, Lizard Point, The Lizard, Helston, Cornwall TR12 7NU, ☏ 00 44/(0)13 26 29 09 39, 🚪 täglich 9:30-18:30

Nach der Pause gehen Sie über den Parkplatz und folgen dem Küstenpfad bis zum Leuchtturm ❸. Der Turm kann ebenso wie das dazugehörige Besucherzentrum besichtigt werden.

⌘ Lizard Trinity House Visitor Center, ☏ 00 44/(0)13 26/29 02 02, 💻 www.trinityhouse.co.uk/lighthouses/visitor-centres.html, 🚪 im Sommer So-Do 11:00-17:00, Eintritt (Besucherzentrum und Leuchtturm) £ 8 für Erwachsene, £ 5 für Kinder

Der Weg nimmt Sie mit bergab in Richtung Housel Cove. Schon steigt er wieder steil an, jetzt ignorieren Sie einen Abzweig in Richtung Lizard Village. Kurz danach passieren Sie das Housel Bay Hotel, in dem Sie einkehren können.

✕ Housel Bay Hotel and Restaurant, Lizard, Helston TR12 7PG, ☏ 00 44/(0)13 26/29 04 17, 💻 www.houselbay.com

Nächster Wegpunkt auf der Wanderung ist die Lizard Wireless Station ❹, an der 1901 die ersten Funksignale empfangen wurden.

⌘ Lizard Wireless Station - Poldhu Marconi Centre, ☏ 00 44/(0)13 26/29 11 74, www.lizardwireless.org, Mai, Juni und September So und Mi 13:30-16:30, Di und Fr 19:00-21:00, Juli und August So, Mi und Do 13:30-16:30, Di und Fr 19:00-21:00, Eintritt £ 1

Sie wandern weiter unter der alten Signalstation von Lloyd's hindurch und zu einer Station der Küstenwache, die sich am Bass Point befindet. Auf dem Küstenpfad geht es am Hot Point vorbei zu einer Lifeboat Station an der Kilcobben Cove. Sie gehen um die Station herum und bleiben noch kurz auf dem Küstenpfad in Richtung Church Cove ❺. Dort stehen Sie vor einem Footpath, der nach links vom Küstenpfad abzweigt und über eine Wiese bis zur Straße führt. Sie biegen in die Straße nach rechts ein und gelangen schließlich an eine Kreuzung. Hier wenden Sie sich nach links in Richtung Ort. Unterwegs kommen Sie an der schönen ✟ Kirche St Wynwallow vorbei, die Sie besichtigen können.

Anschließend spazieren Sie die Straße geradeaus bergauf zurück in den Ort.

Die schöne Kirche in Lizard Village

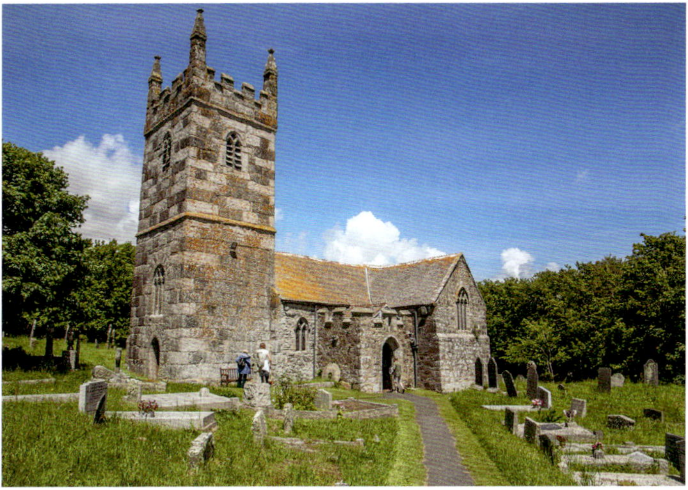

24 Rund um Cadgwith

Tour für Fischliebhaber

Das kleine Fischerdorf Cadgwith liegt auf der Ostseite der Lizard-Halbinsel. Sie besuchen es auf dieser schönen Rundtour. Großartig ist der Abschnitt am Devil's Frying Pen. Dabei handelt es sich um eine kleine Bucht, die durch ein Felstor mit dem Meer verbunden ist.

Start/Ziel: oberhalb von Cadgwith, GPS N 49°59.368' W 005°11.019'

7,5 km

2 Std. 30 Min.

185 m/185 m

11-75 m

Küstenpfad (gelbe Eichel), Public Footpath

Cadgwith Cove Inn (km 4), Old Cellars Restaurant Cadgwith (km 4)

keine Rastplätze, aber schöne Sitzmöglichkeiten im Abschnitt vor Cadgwith

Die Tour ist nicht sonderlich lang, sodass sie für Kinder eigentlich gut geeignet wäre. Allerdings ist der zweite Abschnitt zu Beginn etwas ausgesetzt. Daher ist die gesamte Tour eher für ältere Kinder ab ca. 12 Jahren zu empfehlen. Mit kleineren Kindern können Sie einfach von Cadgwith direkt zum Parkplatz zurückgehen.

Die Wanderung verläuft auf schmalen Pfaden und ist daher für Buggys ungeeignet.

Schöner Weg für Hunde, auf der Weide sind sie aber anzuleinen. Passen Sie an der ausgesetzten Stelle etwas auf. Die Cadgwith Cove ist von Ostern bis zum 30. September von 7:00 bis 19:00 für Hunde gesperrt, muss für die Wanderung aber nicht betreten werden.

P Parkplatz oberhalb von Cadgwith

keine Busverbindung nach Cadgwith

☺ 10 km nordöstlich von Cadgwith bei St Keverne befindet sich Roskilly's, eine Farm mit berühmtem cornischen Eis (☞ S. 125).

Roskilly's, Tregellast Barton Farm, St Keverne, Helston, Cornwall TR12 6NX, ☎ 00 44/(0)13 26/28 04 79, www.roskillys.co.uk, täglich 10:00-17:00

Sie wandern auf einem Pfad unterhalb des P Parkplatzes zu einem Stile und einem Gatter. So erreichen Sie freie Wiesen, über die Sie bis zur Straße bei St Ruan wandern. Sie folgen kurz der Straße nach rechts, biegen dann aber auf einen

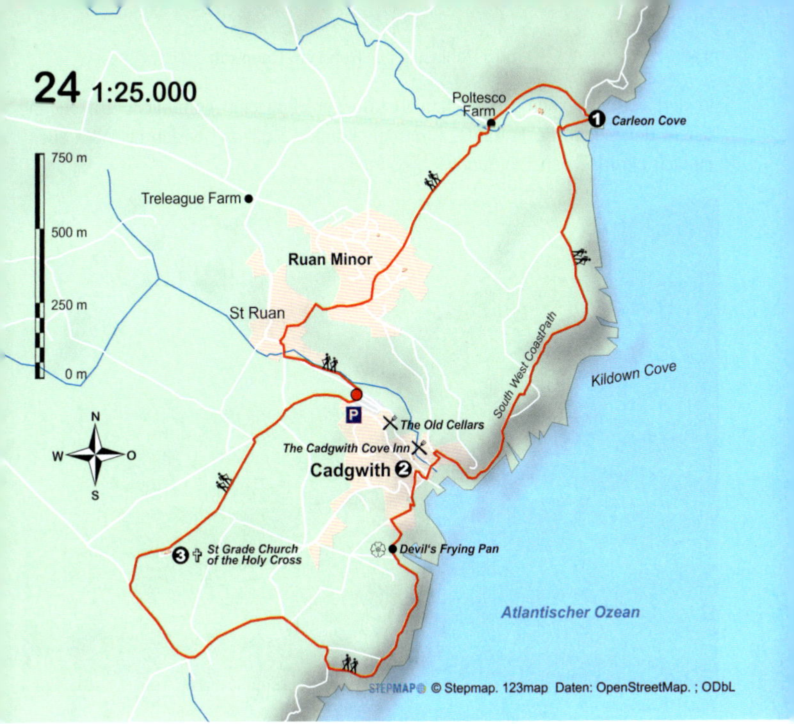

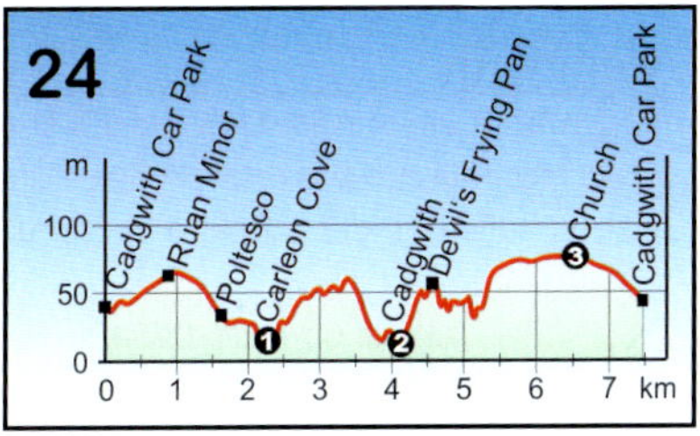

Pfad ab, der Sie nach Ruan Minor (km 0,9) bringt. Die Straße führt Sie nach links, Sie biegen gleich nach einem Shop wieder nach links auf einen Pfad ab. Sie erreichen wieder die Straße und gehen hier schräg gegenüber in eine Straße bei der Schule. Anschließend passieren Sie die Kirche von St Ruan. Sie wandern zu einer alten Mühle und einer Brücke. An der folgenden Kreuzung wenden Sie sich nach rechts zum **P** Parkplatz bei Poltesco (km 1,8). Am Ende des Parkplatzes beginnt ein Pfad ❶ (Wegweiser „Carleon Cove"), der Sie zu einer Wegteilung bringt. Hier biegen Sie nach rechts ab und bleiben auf dem Küstenpfad über dem Meer. Die bald darauf nach rechts abzweigenden Wege ignorieren Sie und wandern weiter, bis Sie Cadgwith vor sich sehen. Sie spazieren hinunter in den netten kleinen Ort ❷ (km 4) und genießen eine gemütliche Einkehr in einem der beiden Restaurants. Alternativ können Sie sich bei den Fischern auch einfach ein frisches Crab Sandwich gönnen.

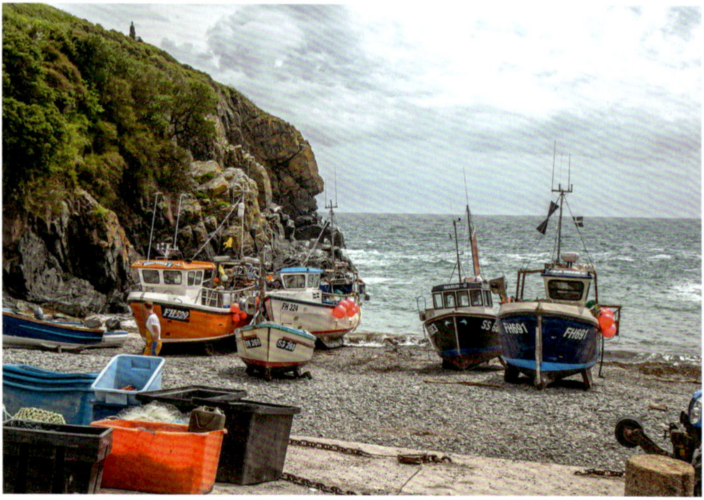

Fischerboote in Cadgwith

Cadgwith

Cadgwith ist ein romantisches, kleines Fischerdorf. Es besteht aus ein paar reetgedeckten Häusern und einem kleinen Hafen. Im Sommer ist es bei Touristen sehr beliebt, außerhalb der Saison ist es hier dagegen sehr ruhig.

✕ The Cadgwith Cove Inn, Cadgwith, Helston, Cornwall TR12 7JX, ☏ 00 44/(0)13 26/29 05 13, 💻 www.cadgwithcoveinn.com, 🚪 12:00-15:00 und 18:00-21:00

♦ The Old Cellars, Cadgwith, Helston, Cornwall TR12 7JU, ☏ 00 44/(0)13 26/29 07 27, 🚪 Mi-Sa 18:00-20:30, So 12:30-15:00

An der Straße gehen Sie kurz nach links und bald schon zweigt der Weg am Wegweiser „Coast Path" ab. An einer Hauseinfahrt wenden Sie nach links und kommen auf freieres Gelände. Dort biegen Sie links ab und wandern an einem Cottage vorbei.

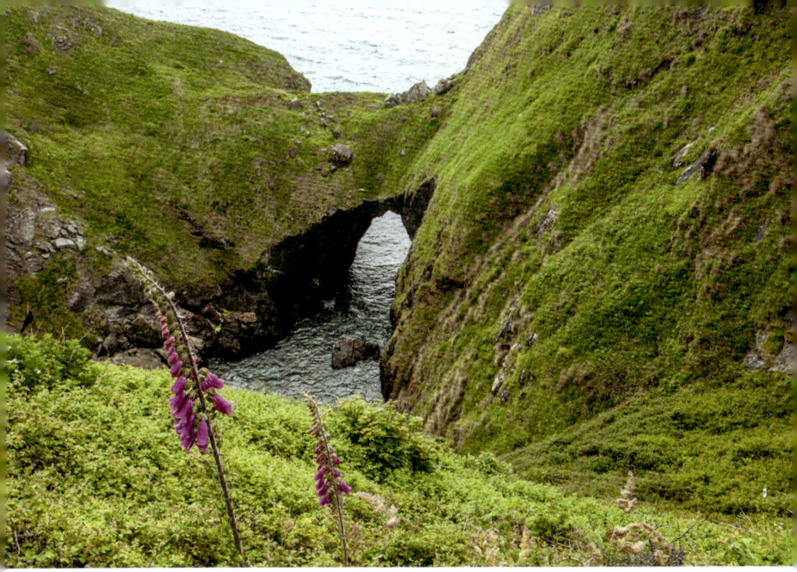

Der Devil's Frying Pan bei Cadgwith

Nach einer Wiese erreichen Sie den eindrucksvollen Devil's Frying Pan.

Achtung, dieser Wegabschnitt erfordert Trittsicherheit!

Der Küstenpfad bringt Sie zu einer Kreuzung bei einem Studio. Hier verlassen Sie ihn und wandern wieder in Richtung Landesinneres. An einer weiteren Kreuzung wenden Sie sich nach links zu einer Straße. Hier biegen Sie ebenfalls nach links ab und spazieren kurz auf der Straße weiter. Nach ca. 800 m gehen Sie durch ein Holzgatter auf der rechten Seite. Der hier beginnende Steig bringt Sie zur St Grade Church of the Holy Cross ❸. Die einsam gelegene Kirche sollten Sie besichtigen.

Hinter der Kirche führt Sie ein Pfad zur Straße. Hier wenden Sie sich nach rechts und spazieren zurück zum Ausgangspunkt der Tour am P Parkplatz bei Cadgwith.

㉕ Zum Loe Pool und nach Porthleven

Tour für Tierbeobachter

Der Loe Pool ist Cornwalls größter Süßwassersee. Sie erreichen ihn von Helston aus auf einfachem und bequemem Weg. Am See können Sie viele Wasservögel beobachten. Unterwegs lädt ein Café des National Trust zur Einkehr ein. Ziel ist das Hafenstädtchen Porthleven.

→ Start: Ortszentrum in Helston, GPS N 50°6.073' W 005°16.556';
Ziel: Bushaltestelle in Porthleven, GPS N 50°05.034' W 005°18.950'

8 km

2 Std. 30 Min.

↑↓ 145 m/158 m

⇧ 3-33 m

Penrose Walks (breiter Public Bridleway), am Schluss Küstenpfad

Café Penrose des National Trust (km 3,7), Einkehrmöglichkeiten in Porthleven

keine Rastplätze unterwegs

Die Tour ist für Kinder ab ca. 8 Jahren geeignet.

Der Weg ist mit Buggys bis Penrose gut zu begehen (Teerweg). Ab Penrose wird es auf dem Schotterweg etwas ruppiger. Bei Porthleven gibt es eine Variante zum Küstenpfad.

Der Weg ist für Hunde gut geeignet, allerdings durch die vielen Schotter- und Teerwege nicht so angenehm. Am Loe Pool sollten keine Hunde in die Vogelbeobachtungsstation mitgenommen werden. Der Strand von Porthleven ist vom 1. Mai bis zum 30. September von 9:00 bis 19:00 für Hunde gesperrt. Hier hält man sich ganz am Rand.

P gebührenpflichtiger Parkplatz in Porthleven

Der Bus der Linie U4 fährt von Falmouth oder Penzance nach Helston (alle zwei Stunden). Die (Rück-)Fahrt von Porthleven nach Helston erfolgt ebenfalls mit der Linie U4.

Es empfiehlt sich, das Auto auf dem Parkplatz in Porthleven abzustellen und von dort zuerst mit dem Bus nach Helston zu fahren. Sie steigen an der ersten Haltestelle aus und wandern zunächst auf der Straße abwärts zum großen Kreisverkehr.

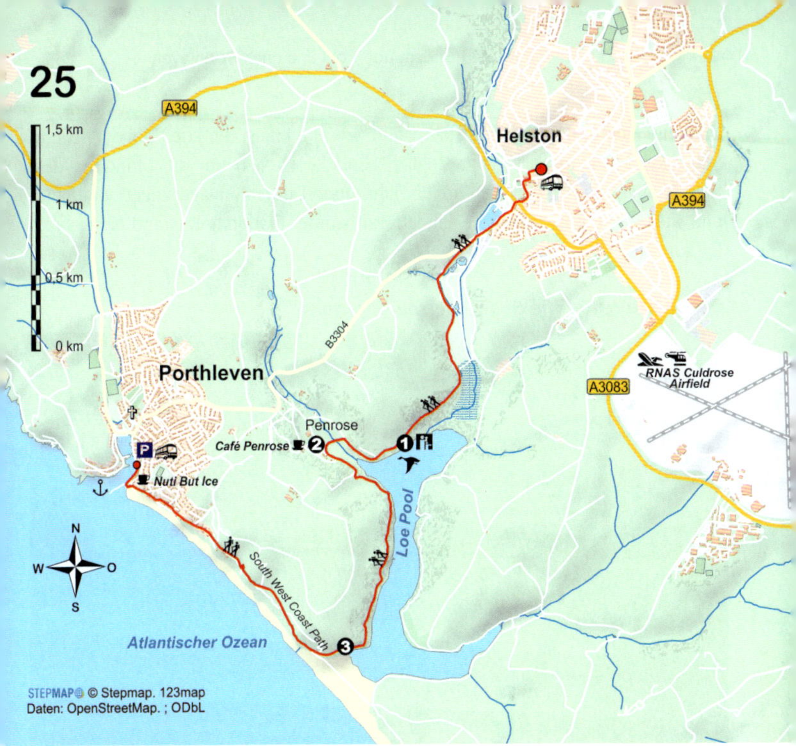

Vorsichtig überqueren Sie die Straße und gehen auf dem Bürgersteig weiter, bis nach links ein Wegweiser in Richtung Penrose zeigt. Hier tauchen Sie in den Wald ein. Der geteerte Weg führt durch Loe Marsh und zum Loe-See.

↳ Für Wanderer gibt es eine alternative Route zum See: Nach dem Überqueren der Straße in Helston folgen Sie einem Fußpfad, der vor einem Autohaus nach links abbiegt. Der Weg bringt Sie an einem National-Trust-Schild vorbei und erreicht wenig später den alten Kamin einer Mine. Gleich danach biegt nach rechts ein Wanderweg ab. Dieser führt über Treppen abwärts und über einen Bach. Anschließend gelangen Sie zum oben beschriebenen Weg.

Bald zweigt nach links ein Pfad zur Vogelaussicht ab. Hier können Sie die Wildvögel auf dem See beobachten ❶.

Loe Pool

Mit einer Länge von 2 km und einer Breite von 0,8 km ist der Loe Pool der größte Süßwassersee Cornwalls. Ursprünglich handelte es sich um die Mündung des River Cober, bis der Flussarm im 12. Jahrhundert durch Ablagerungen von Sand und Kies vollständig vom Meer abgetrennt wurde. Dadurch entstand ein wahres Paradies für Wasservögel.

Der größte natürliche Süßwassersee Cornwalls

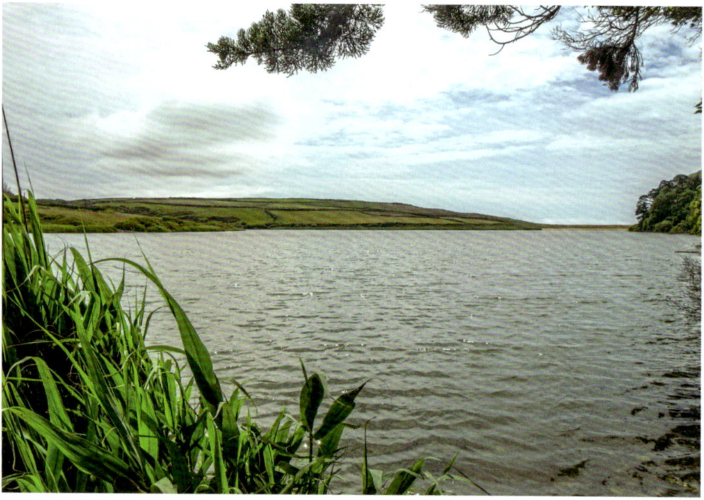

Danach gehen Sie weiter zur Helston Lodge. Bis hierhin ist der gesamte Weg asphaltiert. Der folgende Weg bis zum Café Penrose ist ebenfalls gut mit Buggy befahrbar. Sie spazieren immer am See entlang. Kurz nach dem Seearm kommen Sie zu einer Wegkreuzung und biegen nach links ab zum Café Penrose des National Trust ❷, das im Sommer geöffnet hat.

Nach einer gemütlichen Einkehr folgt ein Weg mit grobem Schotter, der nur noch für Sportbuggys geeignet ist. Der Weg steigt leicht an. Bei allen nun folgenden Verzweigungen nehmen Sie den linken Weg mit der roten Markierung. Sie bleiben in nächster Zeit immer am See und wandern zu dessen Ende. An diesem beeindruckenden Ort erkennen Sie, dass der See nur durch Sanddünen vom Meer getrennt ist ❸.

Sie biegen an einem älteren Gebäude vorbei nach rechts ab. Der Weg verläuft nun oberhalb des Meeres bis zu einer Wegverzweigung. Wer ohne Buggy unterwegs ist, kann am Coast Path geradeaus gehen, für Wanderer mit Buggy wurde ein neuer Weg angelegt, der oberhalb des Küstenpfades nach Porthleven führt. Sie spazieren durch den Ort bis zum Hafen, wo sich noch eine Einkehr im ☕ Café Nauti But Ice empfiehlt. Sie sollten hier unbedingt die Eiscreme von Roskilly's probieren. Dabei handelt es sich um cornische Eiscreme, die auf einer Farm auf der Lizard-Halbinsel hergestellt wird.

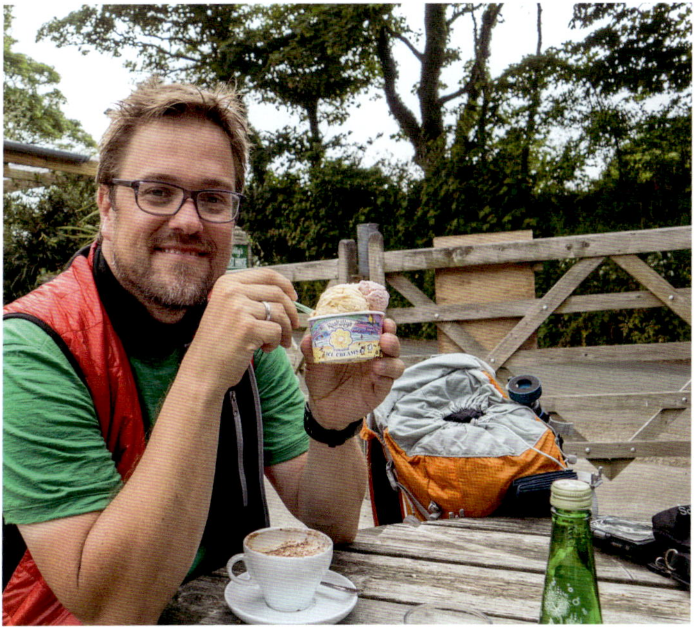

Traumhaftes cornisches Eis von der Roskilly's-Farm ☞ *S. 118*

☕ Nauti But Ice, Commercial Road, Porthleven, Cornwall TR13 9JE,
☏ 00 44/(0)13 26/57 37 47, 🚪 im Sommer 9:00-21:00

Nach der Einkehr spazieren Sie in wenigen Minuten zurück zum 🅿 Car Park.

Südküste

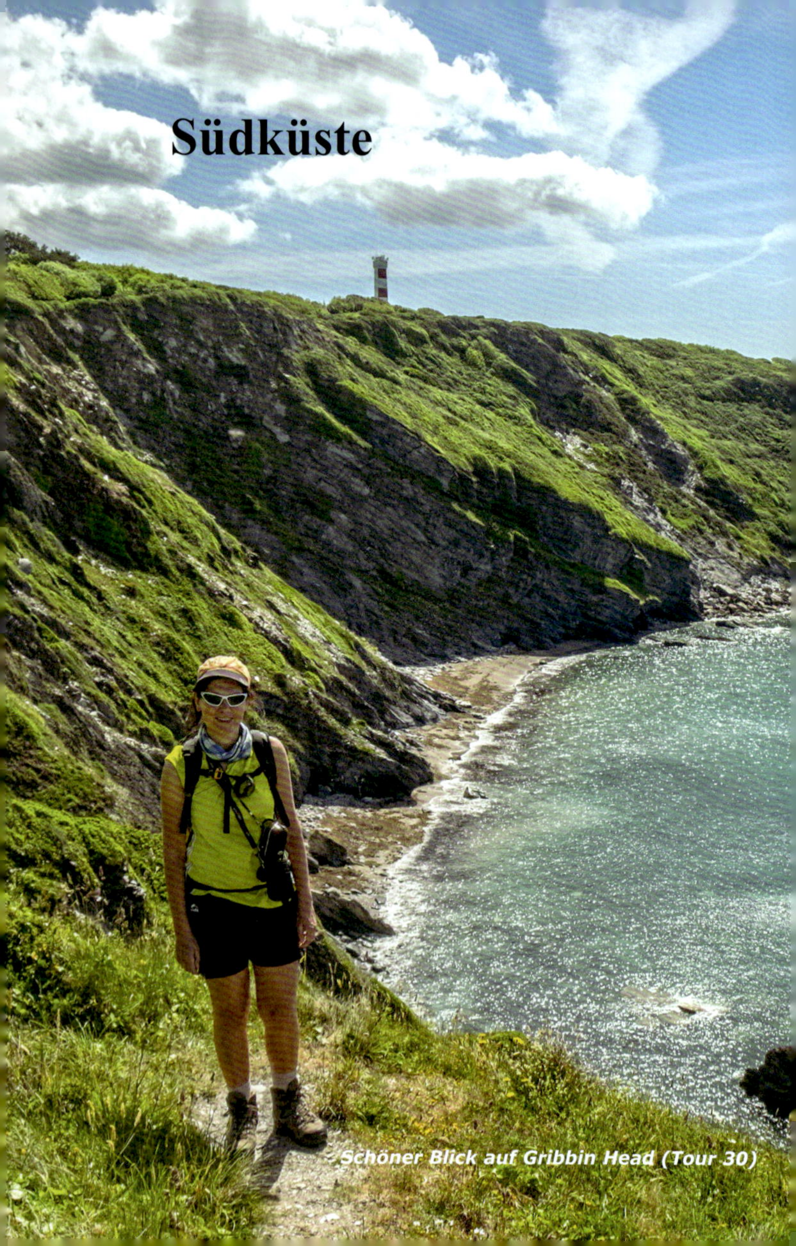

Schöner Blick auf Gribbin Head (Tour 30)

26 Von Falmouth zum Trebah Garden

Tour für Botanikliebhaber

Der Trebah Garden zählt zu den schönsten Gärten Cornwalls. Auf dieser abwechslungsreichen Wanderung spazieren Sie auf dem Küstenpfad entlang des Helford River bis zum Eingang des Gartens.

→ Start: Parkplatz in Falmouth, GPS N 50°09.008' W 005°03.762';
Ziel: Trebah Garden, GPS N 50°06.356' W 05°07.281'

15,4 km

5 Std.

↑↓ 342 m/290 m

⇧ 2-61 m

Küstenpfad (gelbe Eichel)

Café bei Swanpool (km 5,6), Café in Maenporth (km 8,4), Café im Trebah Garden

Rastplätze am Gyllyngvase Beach (km 4,7) und am Rosemullion Head (km 11,3)

Bademöglichkeiten am Gyllyngvase Beach (km 4,7), Swanpool Beach (km 5,6) und Maenporth Beach (km 8,4)

Die Tour ist für Kinder sehr lang.

Nur der erste Teil bis Swanpool ist für Buggys geeignet. (Die Stufen nach den Falmouth Docks können umgangen werden.) Nach Gyllyngvase Beach muss der Buggy kurz über ein paar kleine Stufen gehoben werden.

Der Weg kann mit Hunden begangen werden. Zu Beginn geht es allerdings teilweise über Teerstraße. Auf der Weide müssen Hunde angeleint werden. Gyllyngvase Beach, Swanpool Beach und Maenporth Beach sind von Ostern bis zum 30. September für Hunde gesperrt, müssen auf der Wanderung aber nicht betreten werden.

P Parkplatz in Falmouth

Es fahren viele Buslinien nach Falmouth. Die Haltestelle liegt am zentralen Parkplatz beim National Maritime Museum. Die Rückfahrt von Trebah Garden erfolgt mit der Linie Nr. 35 (stündlich).

Falmouth

Falmouth ist eine typische cornische Stadt mit engen Straßen, die vom Hafen wegführen, und vielen Fischerbooten. Inzwischen hat aber auch die Moderne Einzug gehalten und es gibt neue Ortsteile oberhalb der Südküste. Seinen Ursprung hat der Hafen in der Schmuggelei. 1688 wurde Falmouth von der Postbehörde zum Ausgangshafen für Postsendungen zum Mittelmeer, in die Karibik und nach Amerika ernannt. Dies führte zu einem erheblichen wirtschaftlichen Aufschwung – Falmouth wurde dadurch zu Englands Tor zur Welt. Bis zu 19.000 Schiffe lagen an einem Tag im Hafen. Nach 1939 ging es mit Falmouth wirtschaftlich bergab. Heute lebt der Ort hauptsächlich vom Tourismus. Mit seinen Häusern im georgianischen Stil, die Hotels und B&Bs beherbergen, sowie den Stränden hat sich Falmouth zu einem beliebten Urlaubsziel entwickelt.

In Falmouth lohnt sich ein Besuch des ⌘ National Maritime Museum.

⌘ National Maritime Museum Cornwall, Discovery Quay, Falmouth, Cornwall TR11 3QY, ☏ 00 44/(0)13 26/31 33 88, 💻 www.nmmc.co.uk, täglich 10:00-17:00, Eintritt £ 13,50 für Erwachsene, £ 6 für Kinder

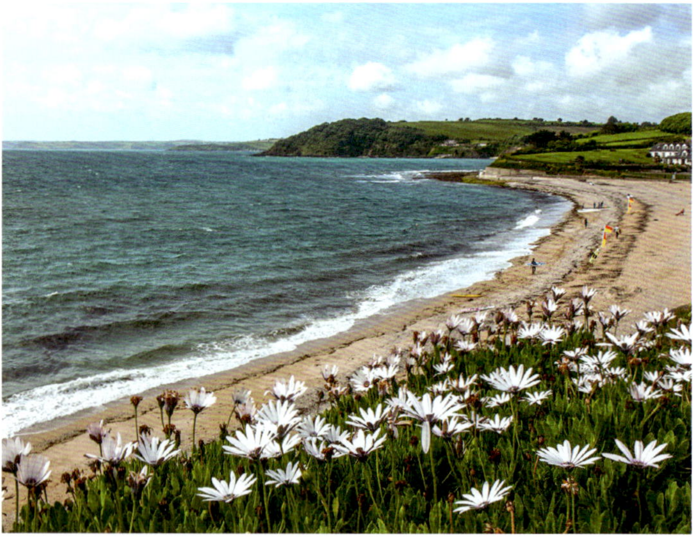

Am Gyllyngvase Beach

Vom **P** Parkplatz in Falmouth wandern Sie auf dem Küstenpfad zu den Falmouth Docks. Der Weg führt hier über ein paar Stufen; danach beginnt er

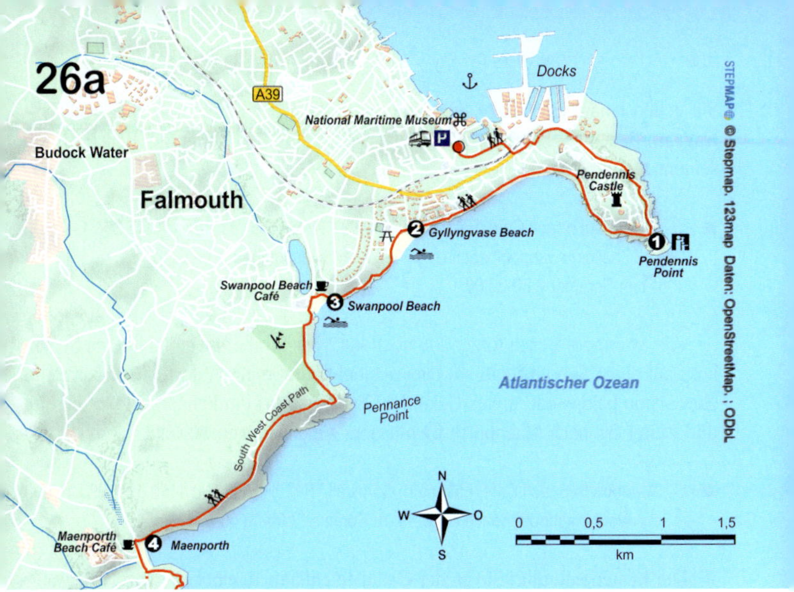

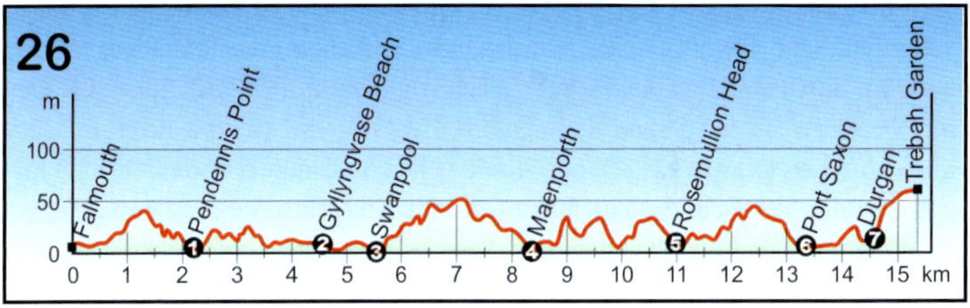

anzusteigen. Zwischendurch haben Sie einen eindrucksvollen Blick auf die Docks. Sie folgen dem Weg entlang der Straße, bis Sie sich unterhalb von Pendennis Castle befinden.

Pendennis Castle

Pendennis Castle wurde im 16. Jahrhundert zur Verteidigung von Falmouth durch Heinrich VIII. erbaut. Auf der gegenüberliegenden Meerseite liegt mit St Mawes das dazugehörige Pendant.

Hier biegen Sie nach links durch das kleine Wäldchen zum Pendennis Point ❶ ab. Der Aussichtspunkt gewährt Ihnen einen wunderbaren Blick auf das Meer.

Sie gehen hinauf zur Straße und wandern entlang der Straße bis zum Gyllyngvase Beach ❷. Der gute Weg bringt Sie bis zum Swanpool Beach ❸ mit seinem Café.

Swanpool Beach Café, Falmouth, Cornwall TR11 5BG, 00 44/(0)13 26/31 47 40, hello@swanpoolbeach.co.uk, www.swanpoolbeach.co.uk, im Sommer 9:30-20:00

Von Swanpool Beach folgen Sie noch kurz der Straße, biegen dann aber nach links auf einen Schotterpfad ab. Dieser taucht kurz in ein Waldstück ein, erreicht aber schon bald wieder freies Gelände. Der Weg führt um Pennance Point herum und weiter bis nach Maenporth ❹ mit dem gleichnamigen Café.

Maenporth Beach Café, Falmouth, Cornwall TR11 5HN, 00 44/(0)13 26/25 12 09, www.maenporthbeach.co.uk, im Sommer 9:00-18:00

Der Küstenpfad führt Sie an der Ostküste entlang zu einer Halbinsel. Sie wandern bis zum östlichsten Eck, dem Rosemullion Head ❺, an dem auch Bänke aufgestellt sind. Der Pfad biegt nun langsam in Richtung Helford River ab. Sie wandern durch einen schönen Wald südlich von Mawan. Bei Porth Saxon ❻ queren Sie einen kleinen Strand und spazieren entlang des Helford River auf dem Küstenpfad bis Durgan ❼. Auf der Straße gehen Sie hinunter in den Ort und folgen dort den Wegweisern in Richtung Gärten nach rechts. Sie passieren den Eingang des ⌘ Glendurgan Garden, der ebenfalls besichtigt werden kann.

Glendurgan Garden

Der Garten wurde im 19. Jahrhundert von dem Reeder Alfred Fox angelegt. Besonders bekannt ist der Glendurgan Garden für seinen historischen Irrgarten, ein Heckenlabyrinth aus Kirschlorbeer.

⌘ Glendurgan Garden, Glendurgan, Falmouth, Cornwall TR11 5JZ, 00 44/(0)13 26/25 20 20, www.nationaltrust.org.uk/glendurgan-garden, Februar bis Oktober Di-So 10:30-17:30, Eintritt £ 10 für Erwachsene, £ 5 für Kinder, £ 25 für Familien

Sie wandern auf dem Pfad in Richtung ⌘ Trebah Garden und erreichen schließlich eine Straße. Eine Besichtigung des Gartens ist auf alle Fälle zu empfehlen. Dort gibt es auch ein Café.

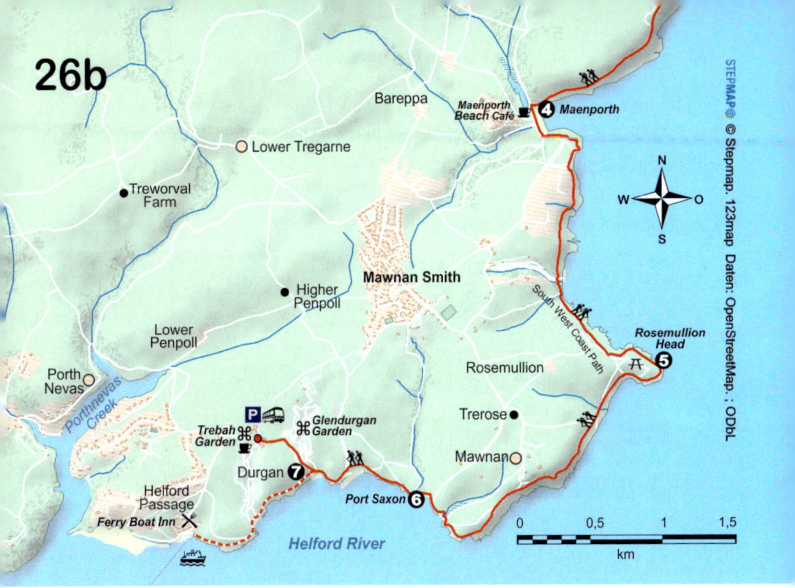

Trebah Garden

Direkt neben dem Glendurgan Garden liegt der Trebah Garden, der zu den schönsten Gärten in Cornwall zählt. Er war lange Zeit sich selbst überlassen und wurde erst 1981 der Öffentlichkeit zugänglich gemacht.

⌘ Trebah Garden, Mawnan Smith, Falmouth, Cornwall TR11 5JZ, ☏ 00 44/(0)13 26/25 22 00, 💻 www.trebahgarden.co.uk, täglich 10:00-16:00, Eintritt £ 10,50 für Erwachsene, £ 5 für Kinder, ☕

🚌 Die Bushaltestelle für den Bus zurück nach Falmouth befindet sich an der Straße direkt beim Garten.

☺ Statt den Garten zu besuchen, können Sie auch am Helford River weiter bis zur Helford Passage wandern und dort direkt am Ufer im ✕ Ferry Boat Inn einkehren.

✕ Ferry Boat Inn, Helford Passage, Falmouth, Cornwall TR11 5LB, ☏ 00 44/(0)13 26/25 06 25, 💻 www.ferryboatinnhelford.com, Mo-Di 11:00-16:00, Mi-Fr 11:00-21:00, Sa 11:00-22:00, So 11:00-17:30

Um zum Bus zu gelangen, müssen Sie allerdings wieder ein Stück auf der steilen Fahrstraße in Richtung Trebah Garden zurückwandern. An einer Kreuzung treffen Sie auf die 🚌 Haltestelle.

Garganta im Trebah Garden

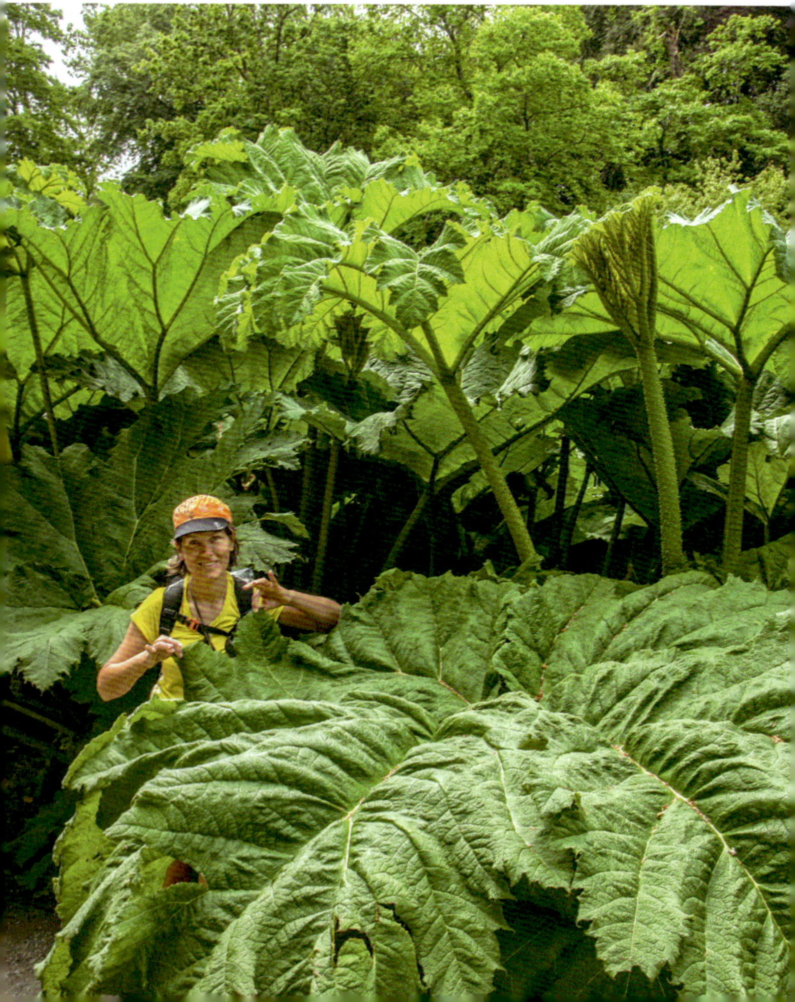

27 Roseland Peninsula und St Anthony Head

Tour für Leuchtturmliebhaber

Die Roseland Peninsula ist eine kleine Halbinsel mit einem Leuchtturm an der Südspitze, die östlich von Falmouth liegt. Sie können den Ausgangspunkt mit dem Auto erreichen. Wir empfehlen Falmouth als Basisstation und die Überfahrt mit der Fähre über das malerische St Mawes.

Start/Ziel: Anlegeplatz der Fähre von St Mawes, GPS N 50°09.081' W 005°00.148'

10,4 km

3 Std. 30 Min. (plus Fahrzeit der Fähren)

264 m/264 m

3-50 m

Küstenpfad (gelbe Eichel), Public Footpath

auf der Tour keine Einkehrmöglichkeit, The Idle Rocks in St Mawes

Rastplätze oberhalb von St Anthony Head (km 3,6)

Bademöglichkeit am Towan Beach (km 7,5)

Die Tour ist für Kinder ab ca. 10 Jahren geeignet.

Die Wanderung verläuft auf schmalen Pfaden und ist für Buggys daher nicht zu empfehlen.

Der Weg ist für Hunde geeignet, sie müssen aber auf der Weide angeleint werden. An den Stränden Towan Beach und Porthbeor Beach sind Hunde erlaubt.

P Parkplatz in Falmouth, dann mit der Fähre nach St Mawes und weiter mit der Place Ferry nach Roseland Peninsula. Alternativ können Sie auch auf dem National Trust Parkplatz an der Porth Farm auf der Roseland Peninsula parken.

Es fahren viele Buslinien nach Falmouth (Haltestelle The Moor).

Die Fähre nach St Mawes fährt täglich von 8:30 bis 17:15 (alle 30 Min., Fahrzeit 20 Min.), die Place Ferry nach Roseland Peninsula verkehrt täglich von 9:00 bis 17:45 (Fahrzeit 10 Min.).

Fahrpläne finden Sie unter www.falriver.co.uk/getting-about/ferries/st-mawes-ferry/timetable bzw. www.falriver.co.uk/getting-about/ferries/place-ferry/timetable.

Nach der wirklich malerischen Überfahrt mit der kleinen Fähre von St Mawes wandern Sie vom Steg nach rechts zum großen Anwesen Place House und weiter zur nebenan gelegenen Kirche von St Anthony ❶. Sie können die kleine Kirche besichtigen. Anschließend steigen Sie über die Stufen gegenüber der Kirche hinauf und folgen dem danach weiterführenden Steig bergauf. An einer ersten Kreuzung biegen Sie nach rechts ab, an der nächsten nach links. Sie wandern hier direkt südlich von Amsterdam Point in Richtung Küste. Durch ein Gatter betreten Sie ein Feld, über das sich der Weg bergauf zieht. Vom höchsten Punkt erblicken Sie das Meer und spazieren hinunter zur Küste. Dort biegen Sie nach links ab und folgen dem Küstenpfad um Carricknath Point herum. Kurz nach dem Strand Great Molunan überqueren Sie einen Damm und wandern weiter bis zu einer Wegverzweigung. Hier nehmen Sie den rechts weiterführenden Küstenpfad. An der Einmündung eines steilen Weges von links spazieren Sie geradeaus zum Leuchtturm an St Anthony Head ❷, der als Ferienhaus vermietet wird. Sie genießen einen traumhaften Blick hinüber nach Pendennis Point bei Falmouth. Vielleicht haben Sie auch Glück und können Kormorane beobachten.

Schließlich gehen Sie wieder zurück zur Einmündung des Weges und auf diesem steil bergauf. Sie gelangen zu ein paar Cottages. Hier stehen ein paar Bänke, auf denen man eine schöne Pause einlegen kann.

Nach der Pause wandern Sie auf dem Küstenpfad, der parallel zur alten Militärstraße verläuft. Sie erreichen den Abschnitt oberhalb von Porthbeor Beach ❸. Weiter auf dem Küstenpfad passieren Sie Porthmellin Head und Kiligerran Head. Der Steig bringt Sie nach Towan Beach ❹, wo Sie einen kleinen Abstecher

Blick auf St Anthony Head und den Leuchtturm im Hintergrund

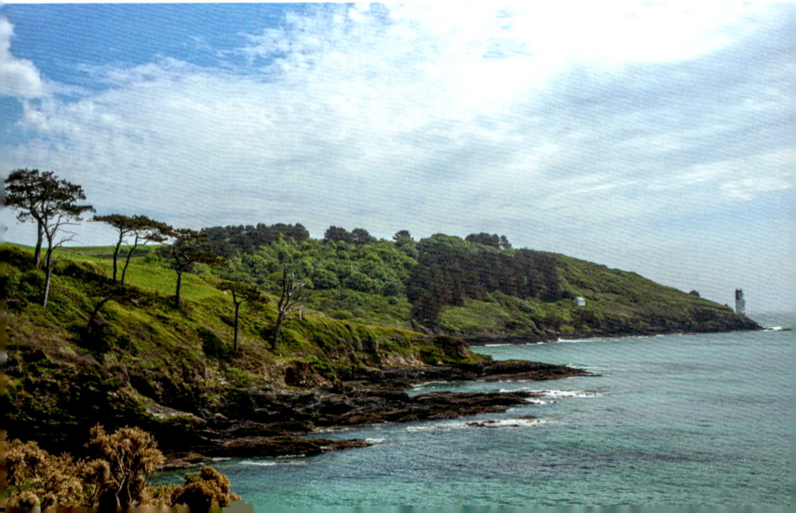

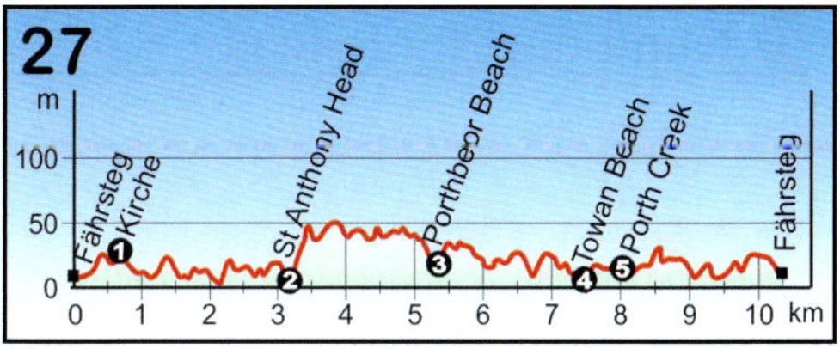

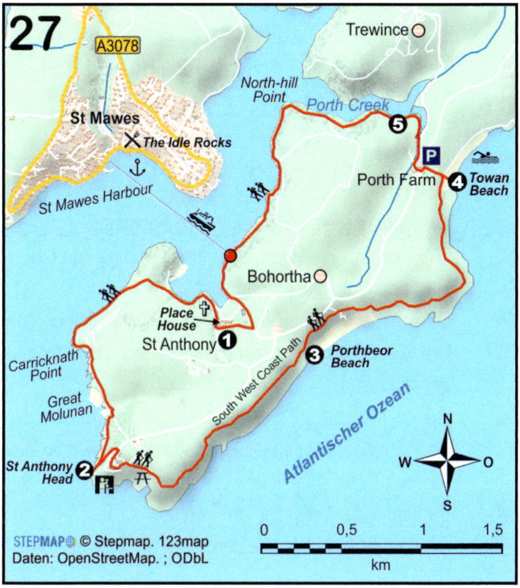

zum Strand unternehmen können. Anschließend nehmen Sie von der Wegkreuzung den ins Landesinnere führenden Steig. Dieser bringt Sie zu einer Straße, auf der Sie geradeaus weiterwandern. Den National-Trust-Parkplatz an der Porth Farm durchqueren Sie zu einem Steig (Wegweiser „Place via Percuil River"). Sie gehen über eine Brücke und biegen dann nach rechts ab. Zuerst entlang des Froe Creek, später entlang des Porth Creek wandern Sie über Felder und durch den Wald ❺. Dabei ignorieren Sie die nach Bohortha führenden Steige, die von Ihrem Hauptweg abzweigen. Der Steig wechselt an die Nordwestküste der Roseland-Halbinsel und bringt Sie zurück zum Anlegeplatz der Fähre.

☺ Nach der Überfahrt lohnt sich eine Einkehr im Hotel ✕ The Idle Rocks in St Mawes. Sie sitzen direkt auf der Hotelterrasse am Meer unter Palmen und können bei einem kühlen Bier den wunderbaren Blick nach Falmouth genießen.

✕ The Idle Rocks, Harbourside, St Mawes, Cornwall TR2 5AN,
☎ 00 44/13 26/27 02 70, 💻 www.idlerocks.com, 🚪 täglich 8:00-10:30, 12:00-14:30, 19:00-21:30 sowie zum Afternoon Tea ab 15:00

28 Rund um Nare Head

Tour für Romantiker

Von dem kleinen, netten Örtchen Veryan wandern Sie auf dem Coast Path nach Nare Head. Neben der traumhaften Landschaft begeistern vor allem die zahlreichen Rhododendronbüsche am Weg. Einzelne Passagen des Weges verbreiten einen Hauch von Romantik. Ein weiteres Ziel ist das malerische Portloe.

- Start/Ziel: Ortszentrum von Veryan, GPS N 50°13.13022' W 004°55.378'
- 11,2 km
- 4 Std.
- 420 m/420 m
- 11-99 m
- Küstenpfad (gelbe Eichel), Public Footpaths
- The New Inn in Veryan, Ship Inn in Portloe (km 8,5)
- Rastplätze am Nare Head (km 4)
- Die Tour ist erst für Kinder ab ungefähr 10 Jahren geeignet.
- Die Wanderung führt fast ausschließlich über schmale Wege, die nicht für Buggys gemacht sind.
- Hunde müssen auf der Weide angeleint werden, sonst ist der Weg gut geeignet. Nach Portloe gibt es eine Hundetränke. Am Carne Beach sind Hunde erlaubt. An der Kiberick Cove sind Hunde von Ostern bis zum 30. September verboten.
- Parken in der Ortsmitte von Veryan
- mit dem Bus Nr. 51 von Truro nach Veryan (alle zwei Stunden)

Vom Startpunkt in Veryan gehen Sie die Straße hinter dem New Inn hoch. Sie wandern dabei zwischen zwei runden Türmen hindurch, die heute eine Ferien-

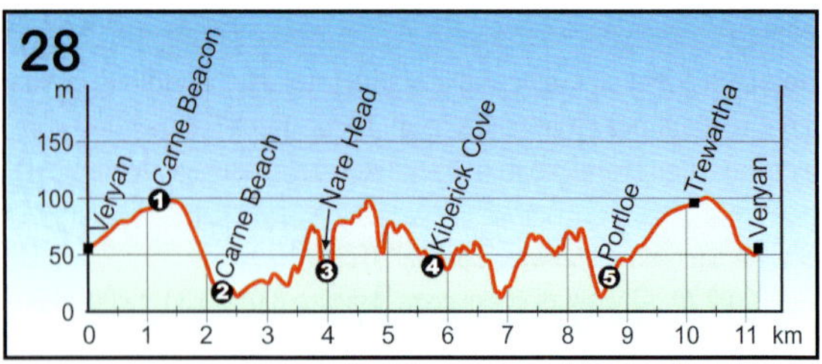

wohnung sind. Nach den letzten Häusern passieren Sie auf der linken Seite die Churchtown Farm. Gleich danach kraxeln Sie auf einem Public Footpath über einen Stile und überqueren eine Wiese bis zu einem Gatter. Sie folgen dem Zaun und erreichen über einen Stile eine Straße. Dort biegen Sie gleich wieder nach links ab, klettern erneut über einen Stile und wandern hinüber zum nahen Carne Beacon ❶, einem Aussichtspunkt mit schönem Blick auf das Meer.

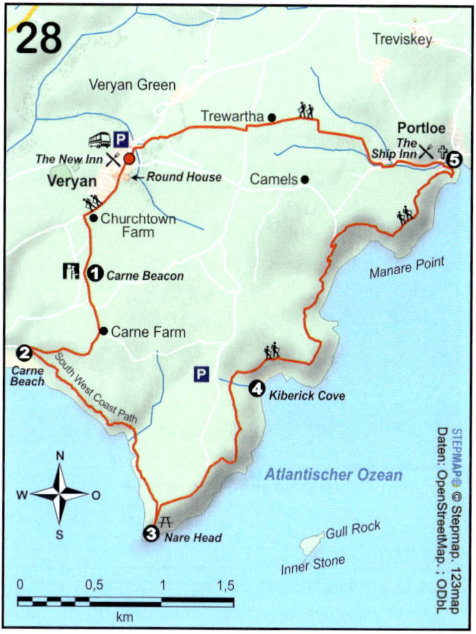

Über die Wiese und einen weiteren Stile gelangen Sie wieder auf die Straße. Anschließend spazieren Sie geradeaus weiter (Wegweiser „Carne Village Only"). Sie gehen durch die Farmgebäude hindurch und entscheiden sich nach dem Beacon Cottage für den geteerten Weg an einem gartenähnlichen Gelände und einer Garage vorbei. Danach schicken die gelben Pfeile Sie geradeaus abwärts. Vor dem Carne Beach ❷ treffen Sie auf den Coast Path und folgen ihm nach links. Durch eine wunderschöne Landschaft wandern Sie bis Nare Head ❸ und weiter zu Kiberick Cove ❹. Unterwegs bieten sich immer wieder schöne Rastplätze für eine Pause an.

Die Abzweigung zu einem Parkplatz ignorieren Sie und steigen auf dem Küstenpfad weiter bergab. Nun erwartet Sie ein romantischer Abschnitt. Entlang von (hoffentlich) blühenden Rhododendronbüschen flanieren Sie durch Broom Parc. Sie bleiben auf dem Küstenpfad, bis Sie sich über den weißen Häusern des Fischerdorfes Portloe befinden. Dann gehen Sie zu den Häusern hinunter und folgen den gelben Pfeilen bis zur Straße an der Kirche ❺.

Hier halten Sie sich links und wandern auf der Straße am ✕ Ship Inn vorbei. Dort können Sie einkehren und einen traditionellen Cornish Cream Tea genießen.

✕ The Ship Inn, Portloe, Cornwall TR2 5RA, ☏ 00 44/(0)18 72/50 13 56, www.staustellbrewery.co.uk/pub/truro/ship-inn, 12:00-15:00 und 18:00-23:00

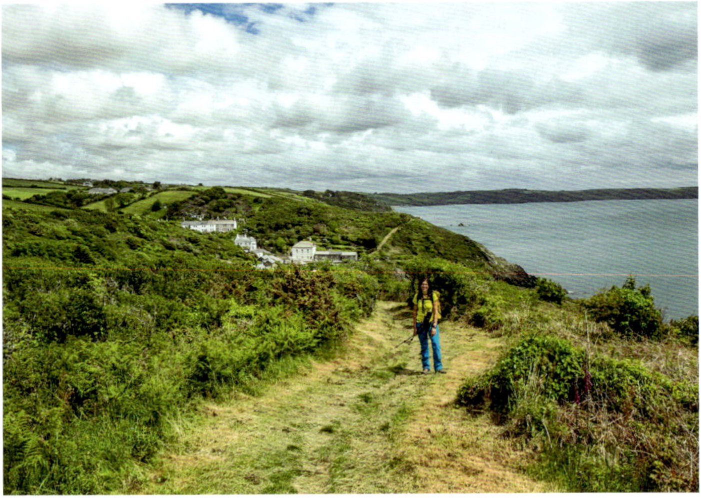

Auf dem Küstenpfad kurz vor Portloe

Portloe

Das kleine Fischerdorf Portloe repräsentiert das typische Cornwall: unberührte Natur, Ursprünglichkeit und Einsamkeit. Rings um den kleinen Hafen stehen die Häuser nah zusammen. Die Landschaft ringsum ist wunderschön und von den Felsen um den Ort genießen Sie eine traumhafte Aussicht.

Anschließend bleiben Sie auf der Straße, bis nach rechts der Public Footpath nach Veryan abzweigt. Vorbei an einer Hundetränke durchqueren Sie ein Gatter und wandern über eine Wiese hinauf zu einem Stile. Sie klettern darüber und überqueren die folgende Wiese zu einem weiteren Gatter. Sie durchqueren dieses und ein nächstes Gatter und gelangen zur Trewartha Farm. Auf der Straße gehen Sie geradeaus weiter nach Trewartha. Dabei ignorieren Sie den Footpath, der

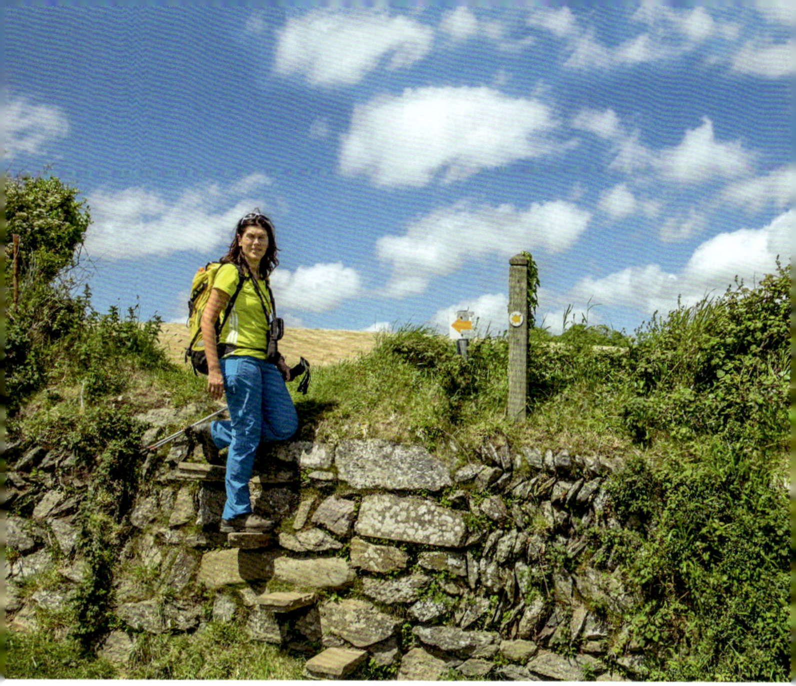

Überquerung eines Stiles am Rückweg

links abzweigt. Sie erreichen die Hauptstraße, wenden sich hier kurz nach links und nach dem letzten Haus gleich wieder nach rechts (☝ kein Wegweiser). An der Kapelle vorbei wandern Sie zu einer Markierung mit gelbem Pfeil. Der Weg führt über Weidegelände zu einem kleinen Waldstück. Durch dieses wandern Sie hindurch und halten sich danach gleich wieder links. Sie gehen bergab, ignorieren dabei einen quer verlaufenden Weg und erreichen ein letztes Waldstück. Dort überqueren Sie den Bach und wandern auf dem Pfad zu einem kleinen See. Zwischen diesem und dem Friedhof von Veryan spazieren Sie weiter bis zur Hauptstraße. Auf dieser wenden Sie sich nach links zum ✕ New Inn, das ebenfalls zu einer Einkehr einlädt.

✕ The New Inn, Veryan, Cornwall TR2 5QA, ☏ 00 44/(0)18 72/50 13 62, 💻 www.newinn-veryan.co.uk, 🚪 Mo-Sa 12:00-15:00 und 17:30-23:00, So 19:00-21:00

29 Über den Dodman Point

Tour für Liebhaber schöner Aussichten

Dodman Point ist eine liebliche Halbinsel an der Südküste Cornwalls. Ziel der Tour ist das mächtige Steinkreuz, von dem Sie eine grandiose Aussicht auf die Küste und das Meer genießen. Startpunkt der Tour ist das beschauliche Gorran Haven. Wenn Sie aus Richtung Norden anreisen, kommen Sie bei der Anfahrt nach Gorran Haven an den Lost Gardens of Heligan vorbei, die zu den schönsten Gärten Cornwalls zählen und denen Sie unbedingt einen Besuch abstatten sollten.

- Start/Ziel: Parkplatz in Gorran Haven, GPS N 50°14.418' W 004°47.449'
- 8,3 km
- 3 Std.
- 276 m/276 m
- 8-102 m
- Küstenpfad (gelbe Eichel), im Landesinneren Public Footpath
- Einkehrmöglichkeiten in Gorran Haven
- keine Rastplätze, schöner Pausenplatz am Dodman Point (km 4,1)
- Bademöglichkeit am Vault Beach (km 7)
- Die Tour macht Kinder ab ca. 10 Jahren sicher Spaß, an den steilen Abschnitten vor Gorran Haven ist aber etwas Vorsicht vonnöten.
- Der Weg ist teilweise sehr schmal und deshalb mit Buggys nicht begehbar.
- Der Weg ist für Hunde gut geeignet, sie müssen aber auf der Weide angeleint werden. An den Stränden auf dieser Tour sind Hunde erlaubt.
- P gebührenpflichtiger Parkplatz in Gorran Haven
- Mit dem Bus Nr. 471 können Sie von St Austell nach Gorran Haven fahren (zweimal am Vormittag). Auch die Linien G1 (Mi und Fr am Vormittag) und G3 (Di und Do) von St Austell können genutzt werden.

Vom **P** Parkplatz in Gorran Haven wandern Sie auf der Fahrstraße zurück, bis in einer Rechtskurve nach links ein Public Footpath abzweigt. Diesem folgen Sie zwischen den Häusern hindurch bis zu einem Gatter.

Sie wandern durch den Wald und später durch etwas freieres Gelände bis zur Treveague Farm. Hier schicken die Wegweiser des Wanderweges Sie in Richtung Penare. Sie gehen an einem Campingplatz und ein paar Weidewiesen vorbei und

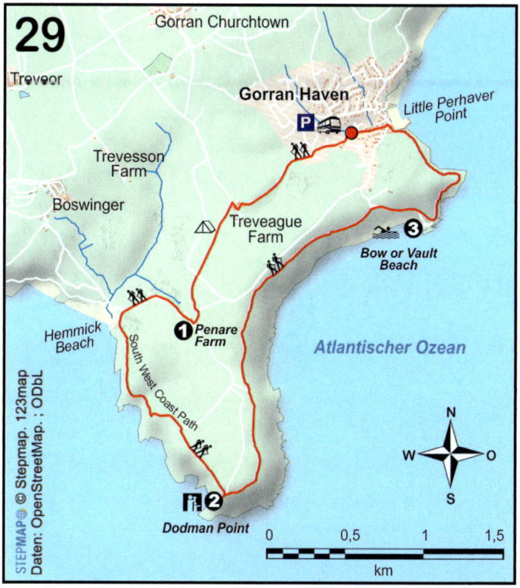

genießen dabei einen grandiosen Ausblick auf das Meer. Sie erreichen eine Straße und spazieren auf dieser bis nach Penare ❶. Dann wandern Sie zwischen den Häusern hindurch zu einer Wegverzweigung und folgen hier dem Wegweiser nach rechts in Richtung Hemmick Beach. Gegenüber dem P Car Park taucht der Weg in den Wald ein. Nach ein paar Stufen betreten Sie eine Weide. Entlang des Zauns wandern Sie mit großartigem Blick auf das Meer hinunter zum Coast Path über dem Hemmick Beach. Sie wandern nun auf dem Coast Path nach links, zu Beginn sehr steil bergauf. In stetem Auf und Ab, immer mit großartigen Ausblicken, erreichen Sie Dodman Point mit seinem Steinkreuz ❷. Unter dem Kreuz können Sie schön rasten und die grandiose Aussicht genießen.

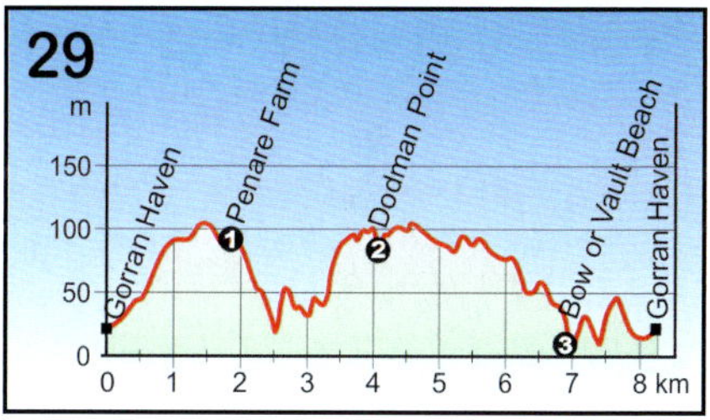

Dodman Point

Am 20. Juli 1588 versammelte sich die spanische Armada vor der Küste des Dodman Point. Von hier segelte sie in Richtung Plymouth, um die englische Flotte anzugreifen. An den Felsen des Dodman Point strandeten in den vergangenen Jahrhunderten viele Schiffe. Das große Kreuz steht seit 1896 an diesem Punkt. Es wurde von einem Pfarrer aus der Region errichtet.

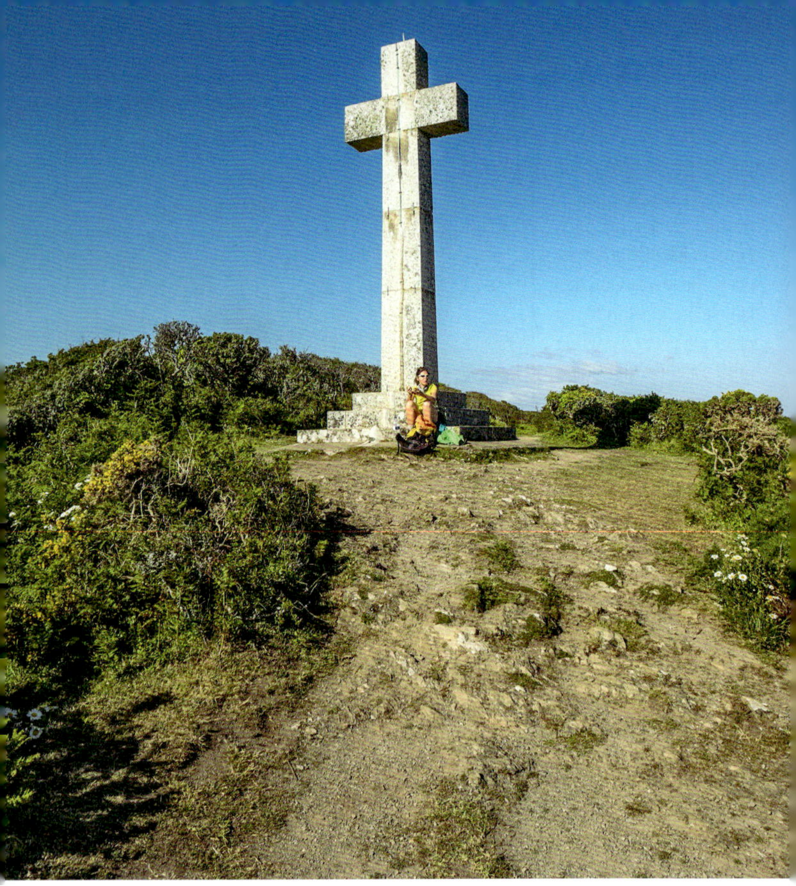

Rast am Dodman Point

Nach der Pause wandern Sie am Coast Path weiter in Richtung Gorran Haven. Sie blicken dabei die ganze Zeit auf einen wunderschönen Sandstrand. Der Küstenpfad bringt Sie bis oberhalb des Strandes, der sich als Vault Beach ❸ entpuppt. Es sind nur ein paar Meter hinunter zum Strand, sodass sich ein kurzer Abstecher lohnt. Anschließend wandern Sie auf dem Küstenpfad weiter, bis nach einer Ecke plötzlich Gorran Haven vor Ihnen liegt. Sie folgen dem Coast Path noch bis Gorran Haven. Durch den Ort wandern Sie zurück zum P Parkplatz.

Lost Gardens of Heligan

The Lost Gardens of Heligan bieten sich für einen Besuch an, wenn Sie schon in der Nähe sind. Ein großes Areal, das früher einmal ein gepflegter Besitz mit wunderschönen Gärten und einem eindrucksvollen Herrenhaus gewesen ist, erwartet Sie. Durch den Ausbruch des Ersten Weltkrieges begann der Untergang von Heligan. Erst in den 1990ern wurden die Gärten wiederentdeckt und in der Folge restauriert.

♦ The Lost Gardens of Heligan, Pentewan, St Austell, Cornwall PL26 6EN, ☏ 00 44/(0)17 26/84 51 00, www.heligan.com, Anfang April bis Ende Juli und Ende August bis Ende September täglich 10:00-18:00, Ende Juli bis Ende August Di-Sa 10:00-19:30, So und Mo 9:30-18:00, Eintritt £ 14,50 für Erwachsene, £ 6,50 für Kinder, £ 37,50 für Familien

Blick auf Gorran Haven

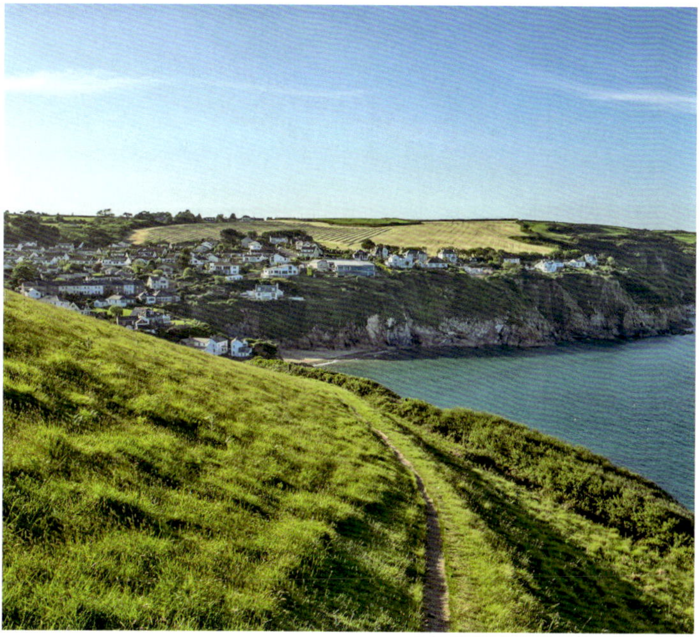

Eden Project

Für 76 Millionen Pfund entstand in einer ehemaligen Kaolingrube das Eden Project. Neben vielen Gärten gehören zwei Luftkissenbiome zum Eden Project. Im größeren Biom wird feucht-tropisches Klima simuliert, sodass hier ein Regenwald unter einem Zeltdach gedeiht. Im kleineren Biom wird ein mediterranes Klima erzeugt; hier können Sie Zitrusplantagen und Olivenbäume bewundern. Insgesamt können Sie im Eden Project über eine Million Pflanzen entdecken.

Die riesigen Biome vom Eden Project sind nicht weit von Lanlivery

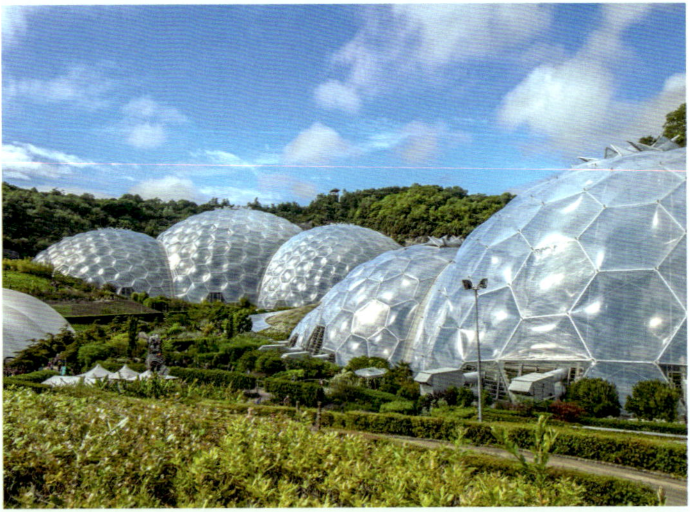

⌘ Eden Project, Bodelva, Cornwall PL24 2SG, ☎ 00 44/(0)17 26/81 19 11, 💻 www.edenproject.com, 🚪 9:30-18:00, Eintritt £ 27;50 für Erwachsene, £ 14 für Kinder, £ 71 für Familien; im Internet 10 % günstiger

30 Zum Gribbin Head

Tour für Literaturliebhaber

Daphne du Maurier, aus deren Feder Romane wie „Jamaica Inn“ und „Rebecca“ stammen, die später von Alfred Hitchcock verfilmt wurden, verbrachte den größten Teil ihres Lebens in der Gegend bei Fowey. Am Gribbin Head wandern Sie in der Welt von Daphne du Maurier, wurde sie doch bei ihren Romanen von der schönen und verwunschen wirkenden Landschaft inspiriert.

- Start/Ziel: Parkplatz etwas oberhalb von Polkerris, GPS N 50°20.391’ W 004°40.764’
- 11,5 km
- 3 Std. 45 Min.
- 368 m/368 m
- 6-72 m
- Küstenpfad (gelbe Eichel), im Landesinneren Markierung „The Saints Way“
- Rashleigh Inn oder Sams on the beach, Polkerris
- Bänke unterhalb vom Gribbin Head (km 3,9) sowie am St Catherine’s Castle (km 7,4)
- Die Tour ist für Kinder ab etwa 10 Jahren geeignet.
- Der Weg besteht hauptsächlich aus schmalen Pfaden und ist daher mit Buggys nicht befahrbar.
- Der Weg ist für Hunde gut geeignet, sie müssen aber auf der Weide angeleint werden. Am Readymoney Beach sind Hunde von Ostern bis zum 30. September nicht zugelassen. An der Polridmouth Cove sind Hunde erlaubt.
- P Parkplatz oberhalb von Polkerris
- Polkerris ist nicht mit dem Bus erreichbar.

Vom P Car Park oberhalb des Örtchens Polkerris gehen Sie hinunter zum Strand. Dort folgen Sie dem Wegweiser nach links zum Küstenpfad. Der Steig schlängelt sich in vielen Kehren durch den Wald bergauf zu einer Wiese. Von hier genießen Sie einen freien Blick auf das Meer. Anschließend wandern Sie auf dem Küstenpfad in stetem Auf und Ab bis zum Gribbin Head ❶ mit seinem Turm (S. 126). Mit etwas Glück ist der Turm geöffnet und Sie können die Aussicht von seiner Spitze bewundern.

Daphne du Maurier

Daphne du Maurier kam 1926 mit 19 Jahren nach Bodinnick bei Fowey und blieb daraufhin hier in Cornwall. Ihren ersten Roman veröffentlichte sie im Jahr 1931.

Hier in Cornwall entstanden ihre Werke, neben „Jamaica Inn" und „Rebecca" auch „Die Vögel" oder „Dreh dich nicht um", der als Vorlage für den Film „Wenn die Gondeln Trauer tragen" diente. 1969 wurde sie von Königin Elizabeth II. in den Adelsstand erhoben.

Daphne du Maurier starb 1989. Ihre Asche wurde von ihren Kindern bei Gribbin Head im Meer verstreut.

Nach einer kurzen Pause nehmen Sie nicht weiter den Küstenpfad, sondern den nach rechts zum Meer hinunter führenden Weg. Dieser verläuft durch Ginsterbüsche zu einer ⛼ Bank und anschließend in ein kleines Wäldchen. Die Bank ist ebenfalls ein schöner Rastplatz.

Nach dem kleinen Wäldchen treffen Sie wieder auf den Küstenpfad, der direkt vom Gribbin Head herunterkommt. Sie wandern nun weiter zu Polridmouth

St Catherine's Castle steht direkt über Fowey

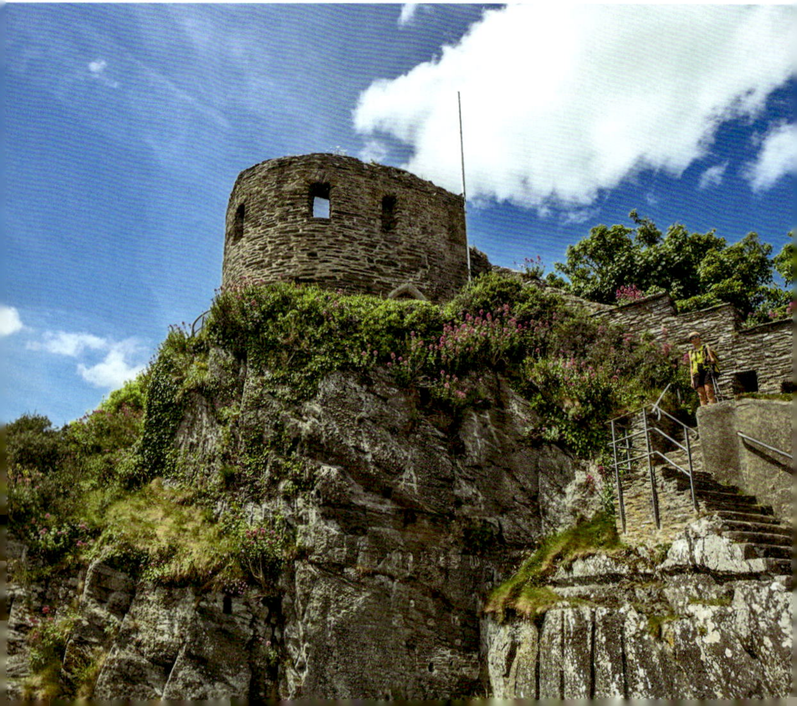

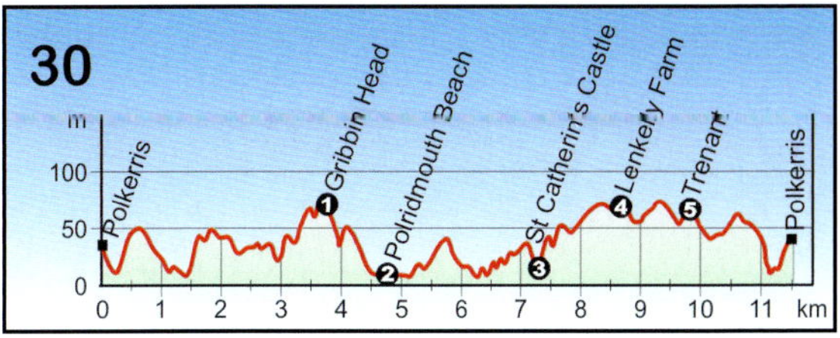

Beach ❷. Über einen Damm gelangen Sie wieder in einen Wald. Der Weg zieht sich bergauf zu einer freien Wiese. Hier können Sie bereits Polruan sehen, das auf der gegenüberliegenden Seite von Fowey liegt. Sie spazieren in den Convington Wood und zu St Catherine's Castle ❸. Folgen Sie weiter dem Wegweiser ins Castle, von dem Sie einen schönen Blick auf Fowey, Polruan und den Hafen haben.

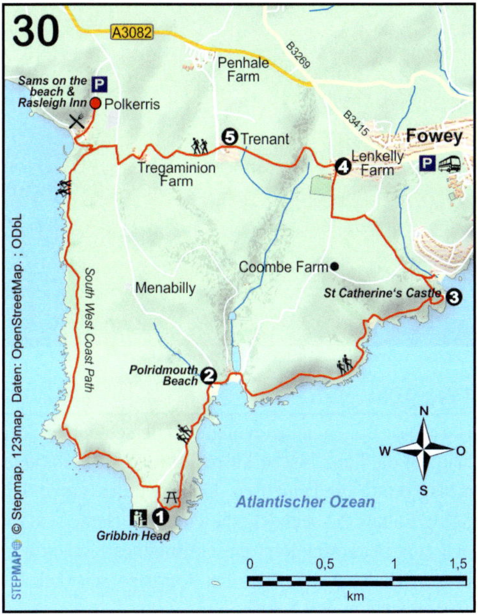

St Catherine's Castle

Im Jahr 1530 wurde zum Schutz der Hafenmauer an der Stelle einer alten Kapelle eine kleine Festung errichtet. Sie war bis zum 17. Jahrhundert in Betrieb, verfiel aber danach. 1855 wurde an dem Standort eine Küstenbatterie eingerichtet. Die Anlage wurde zu Beginn des 19. Jahrhunderts aber bereits wieder aufgegeben. Lediglich im Zweiten Weltkrieg wurde sie kurzzeitig reaktiviert.

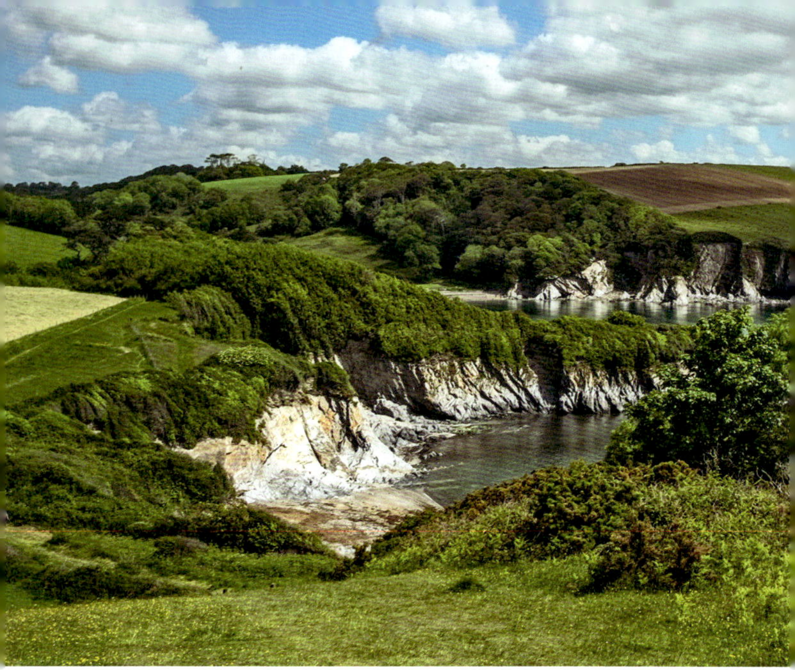

Fowey

Fowey war früher ein berüchtigter Unterschlupf für Seeräuber. Regelmäßige Überfälle auf die französische Küste führte im 15. Jahrhundert zu einem Vergeltungsschlag durch die Franzosen. Dabei wurden große Teile Foweys niedergebrannt. König Eduard IV. beendete die Piraterei. Heute sind die Zeiten ruhiger – es handelt sich bei Fowey jetzt um ein schönes Fischerdorf mit schmalen Gassen und bunten Häusern, das auch bei Touristen sehr beliebt ist. Im Hafen liegen jede Menge Jachten und Segelboote.

Anschließend gehen Sie wieder zurück zum Küstenpfad und folgen ihm bis zu einer Abzweigung. Hier können Sie einen kurzen Abstecher hinunter zu Readymoney Beach unternehmen.

Für den Rückweg wandern Sie auf dem Saints Way geradeaus weiter. Die erste Abzweigung ignorieren Sie und gehen auf der geradeaus führenden Love Lane weiter. Sie erreichen eine Teerstraße, auf der Sie nach links zu einer weiteren Teerstraße wandern. Hier biegen Sie nach rechts ab und spazieren zur nahen Lan-

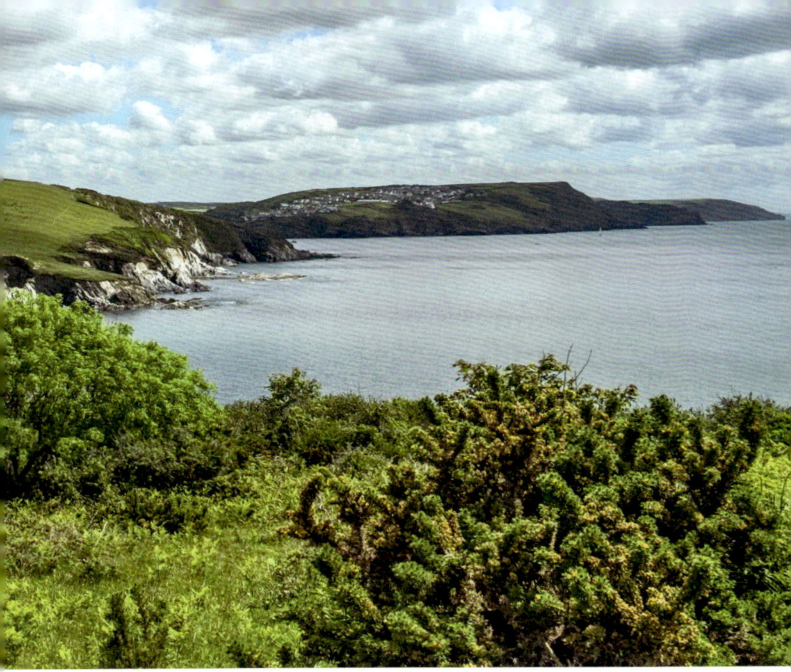

Traumhafte Landschaft an Cornwalls Südküste

kelly Farm ❹. Ab der Farm folgen Sie dem Public Footpath, der Sie in ein Waldstück bringt. Sie gehen durch eine Unterführung und steigen auf der anderen Seite auf steilem und schweißtreibendem Weg bergauf. Nun bringt Sie der Saints Way aussichtsreich nach Trenant ❺ und weiter zur Tregaminion Farm. Nachdem Sie die Farm passiert haben, kommen Sie auf eine Teerstraße. Auf dieser wandern Sie ein kurzes Stück nach rechts, bis auf der linken Seite ein Footpath abbiegt. Auf diesem wandern Sie zum Coast Path und auf bekanntem Weg hinunter nach Polkerris. Hier lohnt sich eine Einkehr direkt am Strand.

✕ Sams on the beach, Polkerris, Cornwall PL24 2TL, ☏ 00 44/(0)17 26/81 22 55, samscornwall.co.uk, täglich 12:00-21:00

♦ Rasleigh Inn, Polkerris, Cornwall PL24 2TL, ☏ 00 44/(0)17 26/81 39 91, www.therashleighinnpolkerris.co.uk, Mo-So 11:00-23:00

Durch den Ort wandern Sie zurück zum **P** Parkplatz.

31 Rund um Polruan

Tour für Liebhaber von Natur und Literatur

Polruan steht etwas im Schatten des berühmteren Fowey. Allerdings ganz zu Unrecht. Das Fischerdorf mit seinen schmalen Gassen liegt wunderschön an der Spitze einer kleinen Halbinsel. Die grandiose Wanderung auf dieser Halbinsel bringt Sie zur Kirche Lanteglos-by-Fowey, in der Daphne de Maurier 1932 heiratete.

Start/Ziel: Hafen von Polruan, GPS N 50°19.768' W 004°38.091'
9 km
3 Std. 30 Min. (plus Fahrzeit der Fähre)
361 m/361 m
3-114 m
Küstenpfad (gelbe Eichel), Public Footpath
Tea Room in Polruan
traumhaft gelegene Bank auf dem Weg in Richtung Lantic Bay (km 3) und am Pencarrow Head (km 4,6)
Die Tour ist nicht sonderlich lang und daher für Kinder ab etwa 10 Jahren geeignet.
Der Weg verläuft fast ausschließlich auf schmalen Pfaden und ist für Buggys nicht begehbar.
Hunde können bei dieser Tour gut mitgenommen werden, sie müssen auf der Weide aber angeleint werden. Am Lantic Beach sind Hunde erlaubt.
P Main Car Park in Fowey (gebührenpflichtig). Alternativ können Sie auch auf dem Parkplatz oberhalb von Polruan parken (St Saviours Hill Car Park).
Der Bus Nr. 25 fährt von Truro und St Austell (stündlich) nach Fowey.
Bevor die Wanderung beginnt, gehen Sie vom P Parkplatz in Fowey hinunter in den Hafen zur Schiffsanlegestelle der Fähre nach Polruan. Diese legt am Whithouse ab. (Mo-Do 6:45-21:00, Fr und Sa 7:30-21:00, So 9:00-21:00, Fahrzeit 5 Min., Fahrpreis £ 2,20 für Erwachsene, £ 1 für Kinder, £ 0,40 für Hunde, www.ctomsandson.co.uk/polruan-ferry/ferry-fares-and-timetables)

Ihre Tour beginnt am Fähranleger in Polruan. Vom Hafen wandern Sie aufwärts zur ersten Straßenkreuzung an einer Telefonzelle. Hier biegen Sie nach rechts in die West Street ab (Wegweiser „Coast Path"). Die Straße führt flach nach Westen und gewährt immer wieder schöne Blicke hinüber nach Fowey. An ihrem

Ende biegen Sie nach links ab und folgen der Straße bergauf. Nach den letzten Häusern auf der rechten Seite führen Wegspuren zu einem kleinen Aussichtsfelsen. Von hier genießen Sie großartige Ausblicke auf Gribbin Head und St Catherine's Castle. Sie wandern wieder zurück zum Coast Path und biegen wenig später durch ein Gatter nach links ab. Kurz bleiben Sie noch auf der Straße und gehen anschließend erneut durch ein Gatter. Der Coast Path führt nun immer sehr aussichtsreich an der Küste entlang bis zur Wegverzweigung oberhalb der Lantic Bay. Zwischendurch kommen Sie an einer traumhaft gelegenen Bank ❶ vorbei. Der wunderschöne Sandstrand von Lantic Bay ist schon lange sichtbar. Sie können von hier einen kurzen Abstecher dorthin unternehmen. Anschließend wandern Sie noch um Pencarrow Head ❷ herum. Hier zweigen Sie vom Coast Path ab und folgen den Markierungen in Richtung Car Park. Kurz vor der Straße biegen Sie nach rechts durch ein Gatter ab und spazieren parallel zu ihr bis auf Höhe des Parkplatzes. Nun wenden Sie sich nach links und überqueren die Straße. Sie wandern auf der kleinen Straße am Parkplatz vorbei bis zur Churchtown Farm und zur ✝ Kirche St Winwaloe in Langtelos-by-Fowey ❸. Eine Besichtigung der Kirche lohnt sich.

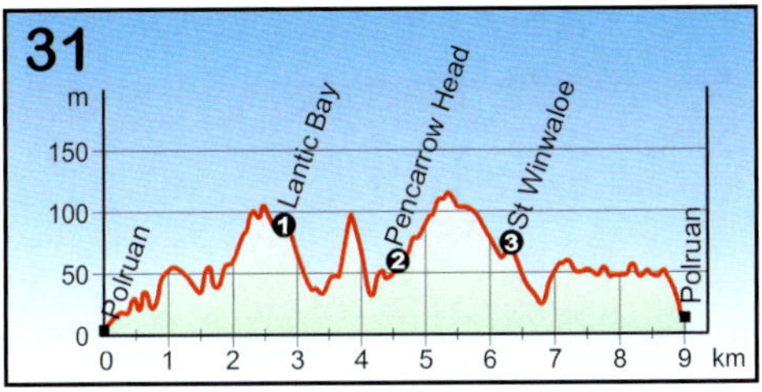

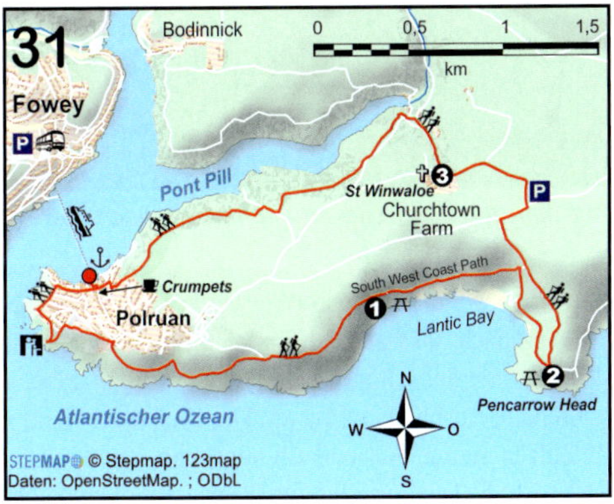

Unterhalb von ihr (Wegweiser „Hall Walk, Pont") verläuft Ihr Weiterweg. Er taucht in den Wald ein und führt über Stufen abwärts nach Pont Pill. Sie gehen kurz auf der Straße nach links, biegen aber gleich wieder nach rechts ab und

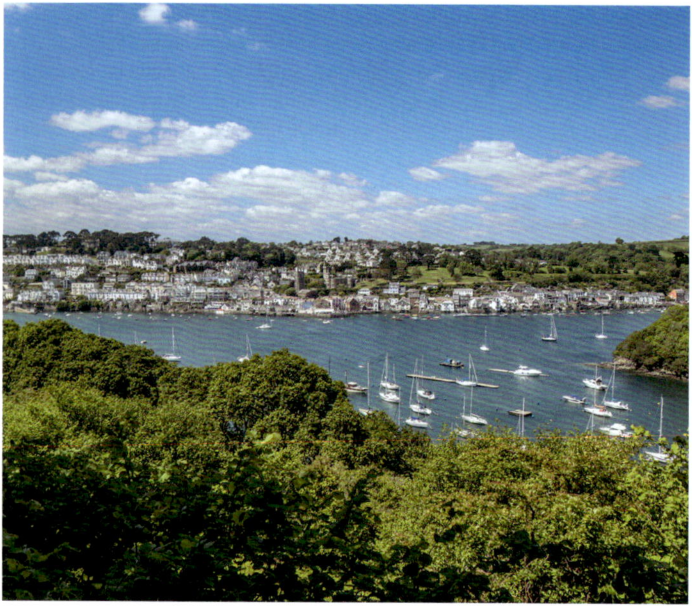

Auf dem Rückweg blicken Sie hinüber nach Fowey

steigen über Stufen bergab (Wegweiser „Polruan"). Nach wenigen Metern zweigt Ihr Weg nach links ab und führt Sie über Stufen steil aufwärts. Sie folgen dem Weg, der Sie auf schöne Wiesen hinausbringt. Dabei genießen Sie immer wieder traumhafte Ausblicke auf Fowey. Der Weg taucht bald wieder in den Wald ein und verläuft in stetem Auf und Ab angenehm schattig bis nach Polruan. Jetzt gehen Sie durch die East Lane bis zur Wegverzweigung an der Telefonzelle oberhalb des Hafens. Hier lohnt sich die Einkehr im ☕ Tearoom Crumpets an der Ecke.

☕ Crumpets, 1 Fore Street, Polruan PL23 1PQ, ☏ 00 44/(0)79 68/50 26 44, täglich ab 9:00

Nachdem Sie sich mit leckerem Cornish Cream Tea gestärkt haben, spazieren Sie gemütlich hinunter zum Hafen und fahren mit der Fähre zurück nach Polruan. Durch den Ort wandern Sie wieder zurück zum P Parkplatz.

32 Von Polperro nach Looe

Tour für Liebhaber von Fischerdörfern

Polperro gehört zu den beliebtesten Touristendörfern Cornwalls. Die engen Gassen in dem Fischerdorf ziehen die Touristen nur so an. Daher ist es wunderbar, wenn Sie den Ort verlassen haben und die Ruhe auf dem Küstenpfad genießen können. Ziel ist Looe, das durch den River Looe in einen Ost- und Westteil getrennt wird.

→ Start: Parkplatz in Polperro, GPS N 50°20.254' W 004°31.345';
Ziel: Bushaltestelle in Looe, N 50°21.184' W 04°27.352'

9,3 km

3 Std. 15 Min.

↑↓ 252 m/286 m

⇧ 4-110 m

Küstenpfad (gelbe Eichel)

Einkehrmöglichkeiten in Polperro und Looe

Kurzzeitig wird der Weg etwas breiter

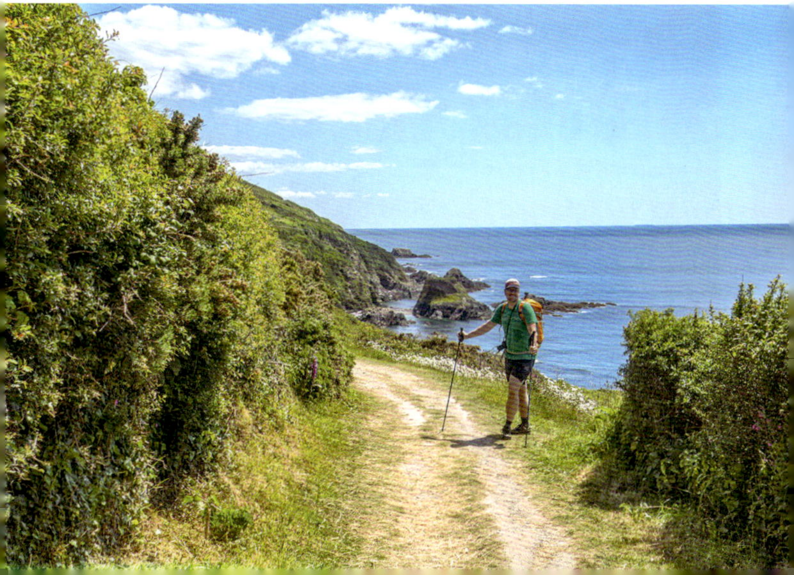

- Rastplätze direkt hinter Polperro und auf der Promenade bei Hannafore (km 8)
- Die Tour ist nicht zu lang, die Pfade sind gut zu begehen. Daher ist die Wanderung für Kinder ab etwa 8 Jahren geeignet.
- Der wesentliche Teil des Weges ist mit Buggys nicht befahrbar. Lediglich auf der Promenade bei Hannafore können Sie sehr gut mit Buggy wandern.
- Der Weg ist für Hunde gut geeignet, sie müssen aber auf der Weide angeleint werden. Am Talland Beach sind Hunde erlaubt.
- P gebührenpflichtiger Parkplatz in Polperro
- mit dem Bus Nr. 73 von Liskeard nach Polperro (stündlich), Rückfahrt von Looe ebenfalls mit dem Bus Nr. 73

Vom großen P Parkplatz in Polperro wandern Sie durch das malerische und leider auch sehr touristische Fischerdorf bis zum Hafen. Unmittelbar vor dem Hafen zweigt der Coast Path nach links ab und bringt Sie durch enge Gassen aus dem Dorf heraus.

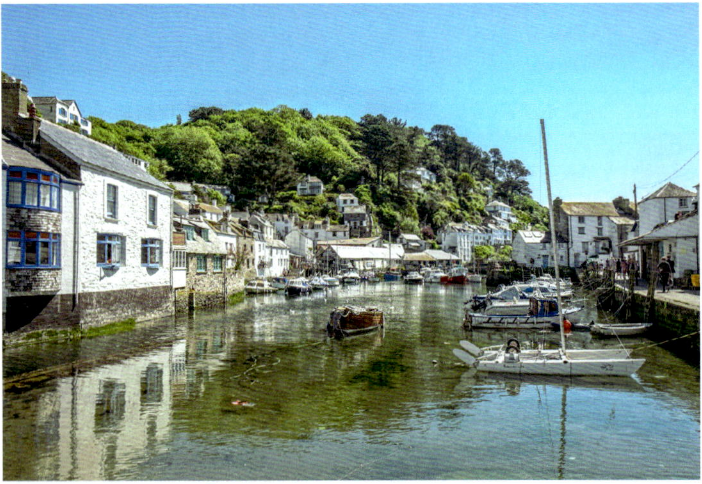

Das kleine Fischerdorf Polperro

Polperro

Früher war Polperro ein reines Fischerdorf, deren Bewohner sich durch den Schmuggel von Gin und Tabak ein ordentliches Zusatzeinkommen verdienten.

Polperro liegt an einer schmalen Bucht, der kleine Hafen ist von steilen Klippen umgeben. Diese schöne Lage führte immer wieder dazu, dass sich Maler in Polperro niederließen. Im Sommer sind die Gassen allerdings ziemlich voll, weshalb sich ein Besuch vor allem in der Vor- und Nachsaison lohnt.

Unterhalb der letzten Häuser steigt der Weg steil an. Sie folgen dem Coast Path bergauf bis zu einer Wegverzweigung. Der ursprüngliche Küstenpfad biegt hier nach rechts ab und bringt Sie abwärts zu einem Kriegerdenkmal und weiter zum Talland Beach ❶. Zum Zeitpunkt der Recherche war der Weg gesperrt. Sollte dies auch bei Ihrer Wanderung der Fall sein, müssen Sie sich an die Umleitung zu einem Cottage halten. Sie gehen weiter bis zu einer Farm. Über die Straße wandern Sie steil bergab zum Strand und auf der anderen Seite gleich wieder steil aufwärts. Anschließend

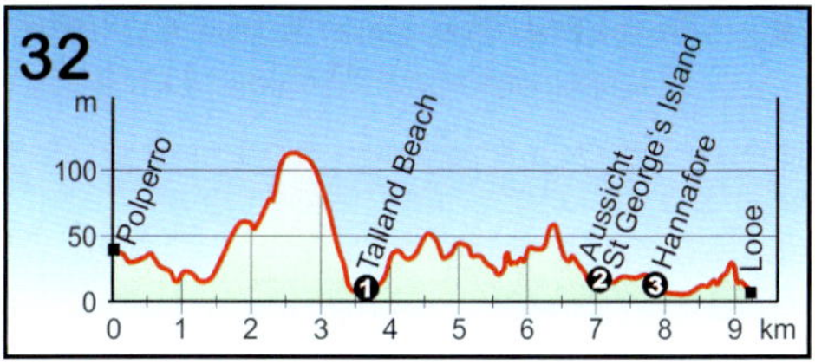

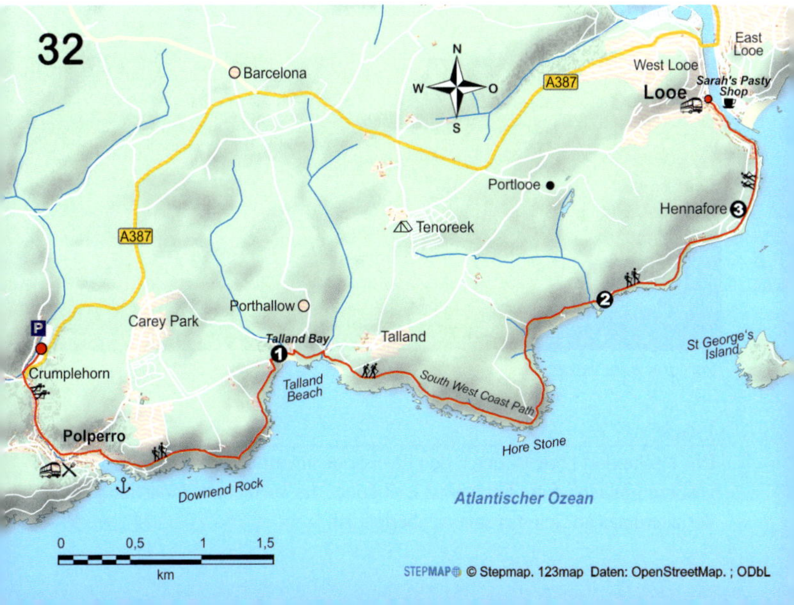

laufen Sie in stetem Auf und Ab weiter. Unterwegs erblicken Sie St George's Island vor Looe ❷. Der Weg bringt Sie nun bis zu einem Gatter vor den Häusern von Hennafore ❸.

Nun wandern Sie an der schönen und buggygeeigneten Hafenpromenade entlang bis nach Looe. Die letzten Meter sind leider etwas unangenehm und verlaufen direkt an der Straße. Anschließend gehen Sie über ein paar Stufen abwärts und erreichen die Bushaltestelle von West Looe. Alternativ können Sie auch mit einer kleinen Fähre zum etwas belebteren Ostteil des Ortes übersetzen. Dort empfiehlt es sich, unbedingt Sarah's Pasty Shop zu besuchen und die leckeren Pastys zu probieren.

Sarah's Pasty Shop, 2 Buller St, Looe PL13 1DF, ☏ 00 44/(0)15 03/26 39 73, sarahspastyshop.com, Mo-Sa 9:00-16:00, So 10:00-16:00

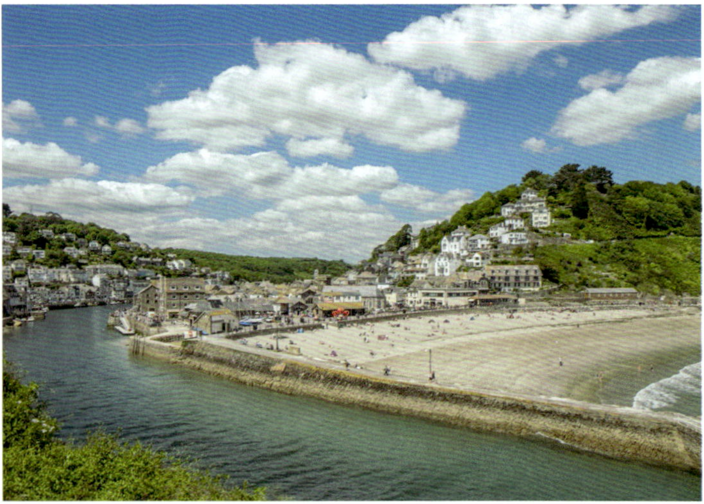

Vor uns liegt Looe

Looe

Das Fischerdorf Looe ist durch den River Looe in East and West Looe geteilt. Der größere und lebhaftere Ortsteil ist East Looe, das auch einen Sandstrand besitzt, der allerdings im Sommer immer überfüllt ist.

33 Rundwanderung bei Lerryn

Tour für Natur- und Kirchenfreunde

Lerryn liegt in der Nähe von Lostwithiel. Diese gemütliche Rundwanderung führt am lieblichen River Fowey entlang zur Kirche St. Winnow. Über freie Felder und durch schönen Wald beendet man diese Rundtour.

- Start/Ziel: Lerryn, GPS N 50°23.024' W 004°37.064'
- 8,1 km
- 2 Std. 30 Min.
- 146 m/146 m
- 0-79 m
- keine Markierungen, aber ohne Orientierungsprobleme
- Einkehrmöglichkeiten direkt am Parkplatz
- Es gibt keine Rastplätze am Weg. An der Kirche kann man aber eine schöne Pause machen.
- Die Tour ist für Kinder ab 8 Jahren geeignet. Mit etwas Glück kann man viele Wasservögel in den Flüssen beobachten. Bei Ebbe kann man zwischen den Steinen im Flussbett bei der Kirche umherspringen.
- Die Tour ist für Buggys nicht geeignet.
- Die Wanderung kann gut mit Hunden begangen werden. Auf den Weiden sind sie allerdings anzuleinen.
- Parkplatz in Lerryn neben dem Ship Inn
- mit dem Bus der Linie 482 nach Lerryn (mindestens einmal täglich)

Start der Wanderung in Lerryn

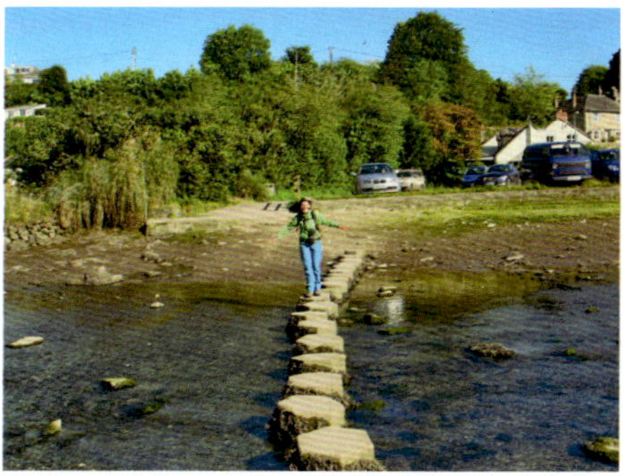

In Lerryn überqueren Sie bei wenig Wasser den River Lerryn. Steine helfen Ihnen hier bei der Flussüberquerung. Bei Hochwasser gehen Sie auf der Straße zurück bis zur Steinbrücke und folgen der

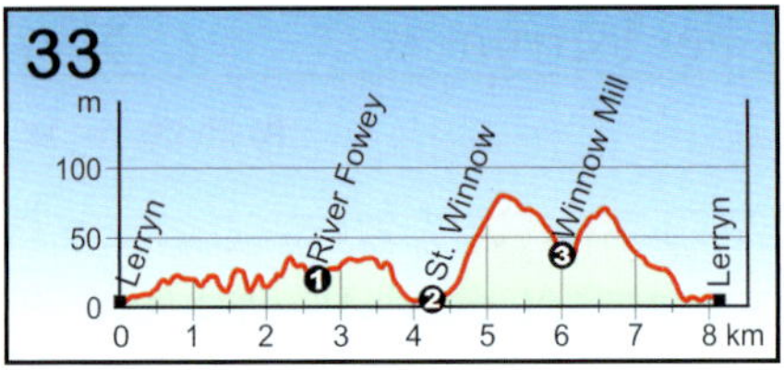

ersten Straße nach links, bis Sie wenig später auf eine weitere Straße treffen, die zum Ufer des Flusses führt.

Hier beginnt ein Public Bridleway. Auf diesem wandern Sie an den Häusern vorbei bis zum Wald. Auf einem schönen Waldpfad spazieren Sie an den Ufern des Flusses entlang. Zwei einmündende Bäche überqueren Sie auf einer Schleife im Landesinneren. Immer wieder genießen Sie schöne Ausblicke zum Fluss. Zwischendurch betreten Sie einen Forstweg, der aber gleich wieder nach links verlassen wird. Nach einem kurzen Pfadabschnitt geht es auf einem weiteren Forstweg bis zu dessen Ende.

Inzwischen sind Sie am Hauptarm des River Fowey ❶ angelangt und wandern am Fluss entlang, bis Sie über ein Gatter auf eine Wiese hinaustreten. Über diese gehen Sie am Waldrand entlang, bis Sie zum Flussbett gelangen. In diesem wan-

Rückblick zur Kirche

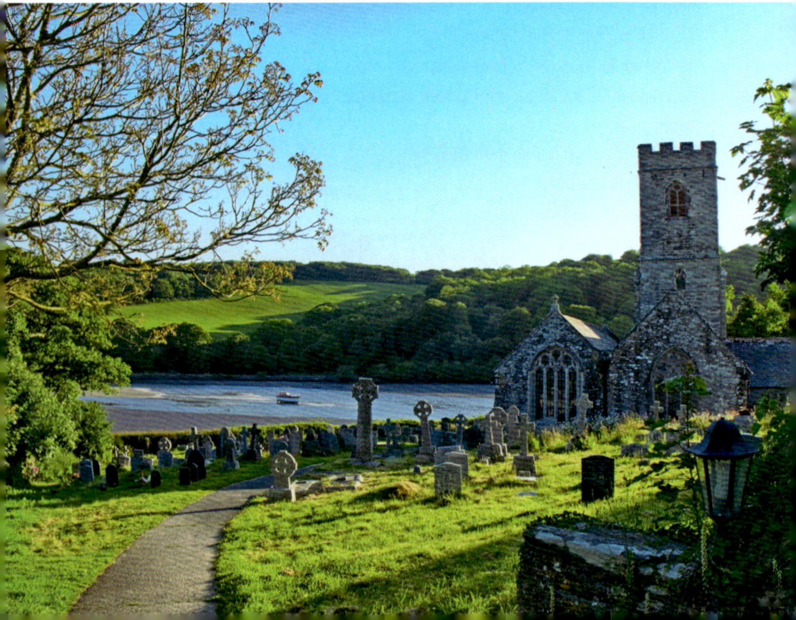

dern Sie weiter, bis nach rechts der markierte Weg zur Kirche von St. Winnow ❷ herausführt. Nach der Kirche spazieren Sie auf dem Footpath nach rechts. Zuerst geht es zwischen den Feldern hindurch, später wandern Sie auf einem Feld mit herrlicher Aussicht auf den Fluss aufwärts. Sie gehen weitere Felder entlang und steigen schließlich steil hinab zur Winnow Mill ❸.

Nun folgen Sie dem Forstweg kurz nach rechts und wenden sich bei der Wegverzweigung nach links abwärts. Nach der Überquerung des Baches und dem kurzen Anstieg wandern Sie auf einem schmalen Steig weiter nach links. Auf diesem gehen Sie durch den Wald aufwärts, bis Sie nach einem Gatter eine Wiese betreten. Sie überqueren die Wiese und erreichen eine weitere. Hier biegen Sie nach links ab und spazieren am Zaun entlang bis zu den Häusern von Lerryn. Nun geht es nach links zu einer größeren Teerstraße, auf der Sie nach rechts wandern, bis Sie auf die Straße treffen, die bereits zu Beginn der Wanderung der Zugang zum Public Bridleway war. Nach der Tour bietet sich eine Einkehr im Ship Inn an.

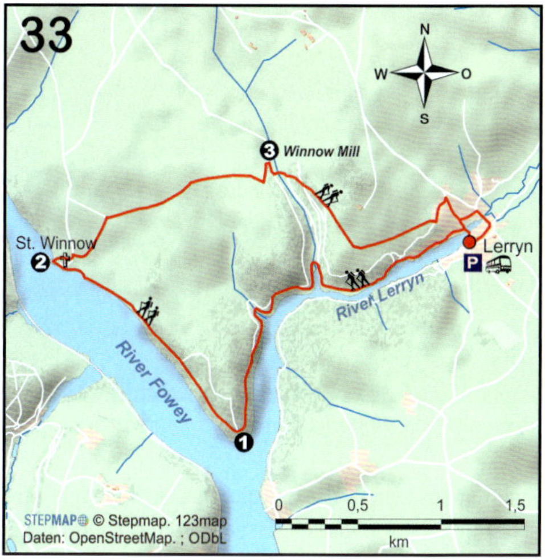

✕ The Ship Inn, Lerryn, Lostwithiel PL22 0PT, ☏ 00 44/(0)12 08/87 23 74, enquiries@theshipinnlerryn.co.uk, www.theshipinnlerryn.co.uk, Mo-Fr 12:00-14:30 und 18:00-21:00, Sa und So 12:00-15:00 und 19:00-21:00

Lanhydrock House

Das Landhaus stammt aus dem 17. Jahrhundert. Nach einem Brand 1881 wurde es wieder neu aufgebaut. Die im viktorianischen Stil eingerichteten Räume können besichtigt werden. Mit viel Mühe wird dem Besucher das Gefühl vermittelt,

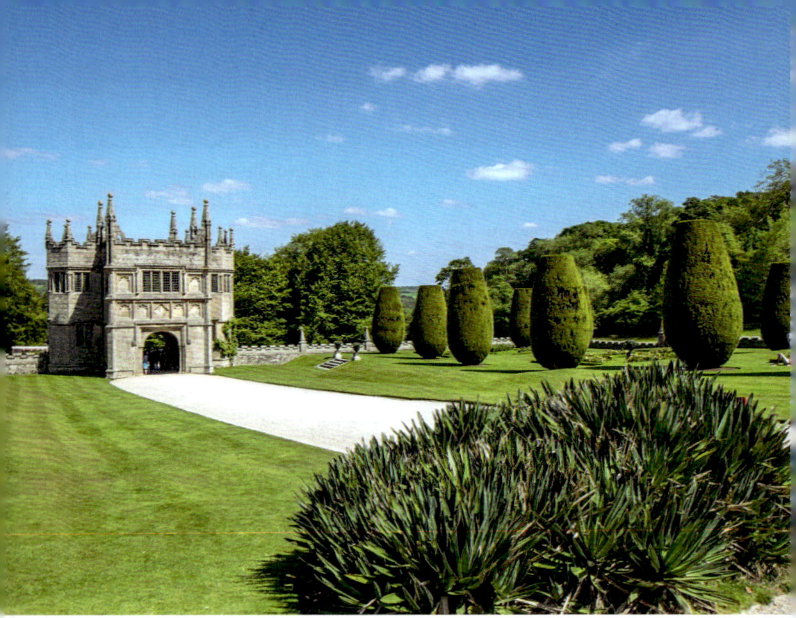

Blick auf das Eingangsportal von Lanhydrock

inmitten des Lebens der Bewohner zu stehen. Sehr schön ist auch der weitläufige, sehr gut gepflegte Garten. Heute wird das Lanhydrock House vom National Trust verwaltet.

⌘ Lanhydrock House, Tollgate House, Treningle Hill, Bodmin, Cornwall PL30 AD, ☏ 00 44/(0)12 08/26 59 52, 💻 www.nationaltrust.org.uk/lanhydrock, 🚪 März bis September Di-So 11:00-17:30, Oktober bis 17:00. Der Garten ist ganzjährig von 10:00 bis 18:00 geöffnet. Eintritt £ 15;35 für Erwachsene, £ 7;70 für Kinder, £ 38;40 für Familien